# 10일간의 보물찾기

지은이 ★ 권재원

1975년 서울에서 태어났습니다. 서울대학교 산업디자인과를 졸업하고, 영국에서 미학과 퍼포먼스를 공부했습니다. 쓰고 그린 책으로 『난 분홍색이 싫어』가 있고, 그린 책으로 『솔숲마을 이야기』 『우리 반 순덕이』 『이사 가던 날』 등이 있습니다.

"수학을 대할 때면 정교한 퍼즐을 보는 것 같았어요. 어떻게 사람들이 이런 것을 알아낼 수 있을까, 저런 것을 생각해 낼 수 있었을까, 신기해하며 공부를 하다 보니 수학은 엄청난 상상력과 추리력을 가진 학문이라는 것을 실감하게 되었지요."

## 10일간의 보물찾기

2006년 3월 2일 초판 1쇄 발행
2024년 5월 16일 초판 21쇄 발행

글·그림 | 권재원
펴낸이 | 염종선
편집 | 김이구 김지선 김민경 박상육 김세희 최은영 최도연
디자인 | 김성미
펴낸곳 | (주)창비
등록 | 1986. 8. 5. 제85호
제조국 | 대한민국
주소 | 10881 경기도 파주시 회동길 184
전화 | 031-955-3333
팩스 | 031-955-3399(영업) 031-955-3400(편집)
홈페이지 | www.changbi.com
전자우편 | dongmu@changbi.com

ⓒ 권재원 2006
ISBN 978-89-364-4548-5 73410

*이 책 내용의 일부 또는 전부를 재사용하려면 반드시 저작권자와 창비 양측의 동의를 받아야 합니다.
*책값은 뒤표지에 표시되어 있습니다. *KC마크는 이 제품이 공통안전기준에 적합하였음을 의미합니다.
*사용 연령: 5세 이상 *종이에 베이거나 긁히지 않도록 주의하세요.

수학과 친해지는 책 1

# 10일간의 보물찾기

권재원 글·그림

창비

# 차례

할아버지의 유언 6

할아버지 집에 가다 11

수수께끼의 시작 15

10형제 세 쌍둥이의 정체 21

기하학의 씨앗 30

탈레스 – 지팡이 하나로 피라미드의 높이를 재다 47

5원소 정원 64

피타고라스 – 직각삼각형의 비밀을 밝히다 71

유클리드 – 눈에 보이지 않아도 알 수 있는 것 87

보이지 않는 아름다움의 비밀 99

아르키메데스 – '유레카, 유레카' 알았다, 알았어 114

데카르트 — 간단명료한 것이 좋아 **125**

의문과 논증은 어디에? **142**

휘어진 공간 — 새로운 세계의 발견 **149**

숨겨진 비밀 **166**

할아버지의 비밀 장소 **180**

지은이의 말 **190**

도움 받은 책 **191**

# 할아버지의 유언

"이제 일주일 남았다."

예은이는 눈을 뜨자마자 침대를 박차고 일어났다.

일주일 뒤 이 시간이면 부모님과 함께 멕시코행 비행기에 타고 있을 것이다. 천문학자인 부모님이 별을 관측하러 멕시코에 가는 때가 마침 여름방학 중이어서 예은이도 함께 가기로 한 것이다. 예은이는 멕시코의 선인장, 화려한 민속 의상, 특이하고 맛있을 것 같은 음식 들을 생각하며 한껏 마음이 부풀었다.

예은이는 아침을 먹으며, 이번 여행을 위해 석 달 동안이나 꼬박 모아 온 용돈을 어떻게 쪼개 쓸지 궁리했다.

'민속 의상은 꼭 사고 싶어. 하지만 그걸 사 버리면 선물 살 돈이 별로 없을 텐데…… 비싸지 않으면서 괜찮은 기념품이 많이 있을까?'

예은이가 고사리나물을 자근자근 씹고 있을 때 전화벨이 요란하게 울렸다. 물을 가져오려고 일어난 엄마가 전화를 받았다.

"여보세요. 아, 아주버님…… 네? 네, 잠깐만요."

엄마가 창백해진 얼굴로 아빠에게 수화기를 넘겨주었다. 수화기를 건네받은 아빠가 흐느끼기 시작했다. 예은이는 입에 든 반찬을 꿀꺽 삼켰다. 아빠가 천천히 수화기를 내려놓았다.

"예은아, 할아버지가 돌아가셨대."

예은이는 자기 귀를 믿을 수 없었다.

할아버지는 건축가인데 여행을 좋아해서 시간이 날 때마다 인도, 캄보디아, 이집트, 중국 등 세계 여러 나라를 돌아다녔다. 할아버지는 마추픽추, 앙코르와트, 피라미드, 만리장성 같은 옛날 유적지를 즐겨 찾았는데, 여행을 다녀오면 예은이에게 돌로 쌓은 거대한 고대 건축물 사진을 보여 주며 그곳에 살았던 왕이나 신관에 대한 이야기를 해 주었다.

그런데 한 2년 전부터 할아버지는 무언가 비밀스러운 일로 연락을 끊었다. 할아버지가 연락을 끊고 모습을 감추는 일은 처음이 아니었다. 할아버지는 굉장한 계획을 세우거나 사람들을 깜짝 놀라게 해 주고 싶을 때 종종 그랬다. 할아버지는 그렇게 친구나 식구 들과 완전히 연락을 끊고 모습을 감추는 것을 '고치에서 준비하기'라고 했다.

식구들은 할아버지가 이번에는 무슨 일을 준비하는지 궁금했지만 그다지 걱정은 하지 않았다. 할아버지는 폭풍우가 몰아쳐도 끄떡없을 만큼 건강하고 활달했기 때문이다. 그런 할아버지가 돌아가시다니, 예은이는 믿을 수가 없었다.

예은이는 부모님과 함께 병원으로 갔다. 병원에는 예은이 큰아버지, 큰어머니, 동갑내기 사촌 원도가 벌써 와 있었다. 원도는 울었는지 눈이 통통 부어 있었다.

아빠가 예은이를 할아버지가 누워 있는 침대 가까이로 밀었다. 돌아가신 할아버지의 눈과 뺨은 움푹 파였고 피부는 푸르스름한 회색이었다. 예은이는 할아버지 손을 잡아 보려고 했다. 하지만 앙상한 손이 무서울 정도로 차가워 자기도 모르게 손을 놓았다.

부모님이 할아버지 장례를 준비하는 동안 예은이는 원도와 함께 있었다. 원도는 말이 별로 없는데다가 무엇을 물어봐도 어물어물하거나 잘 모르겠다고 해서 대화가 이어지지 않았다. 예은이의 말을 듣다가도 어느 순간 다른 세상에 가 있는 것처럼 자기 생각에 빠져들곤 했다. 예은이는 원도와 이야기하는 것을 포기하고 여행 계획을 짜며 시간을 보냈다.

이틀 뒤 장례식이 끝나자, 변호사가 할아버지의 유언장을 공개하기 위해 유언장 겉봉에 적힌 사람들을 불렀다. 원도네 식구, 예은이네 식구, 몇 번 만난 적이 있는 할아버지의 친구인 조각가 그리고 젊은 건축가가 모였다.

변호사가 할아버지의 유언장을 읽어 내려갔다.

"장례식이 끝난 다음 날 자정부터 10일째 자정까지 240시간 동안 예은이와 원도는 내 집에 머물면서 주어진 문제를 풀어 나가며 도장을 찾아야 한다.

아래에 찍힌 도장이 어떻게 생겼는지는 아무도 모른다. 도장을 찾는 기간 동안 아이들은 부모나 친구들을 만날 수 없고, 만약 외부의 도움을 받는다면 도장 찾을 자격을 잃는다.

예은이와 원도가 도장을 찾으면 내 전 재산인 집에 대한 권리는 아이들이 갖는다. 만일 아이들이 도장을 찾지 못한다면 집에 대한 모든 권리는 건축협회로 넘어간다."

변호사가 내처 말했다.

"여기 계신 건축가 김지성 씨와 조각가 박성민 씨가 유언장의 증인이 되어 주었습니다. 아이들은 내일부터 고인이 되신 이원재 씨 집에 머물면서 도장 찾기를 시작하면 됩니다."

이어 변호사는 원도 부모님과 예은이 부모님에게 난처한 듯 말했다.

"아이들이 그 기간 동안 부모님과 떨어져 지내야 하는데 괜찮으시겠습니까? 박성민 씨가 아이들을 돌보아 줄 겁니다. 그리고 김지성 씨는 집이 어떻게 될지 정해질 때까지 같이 머물 겁니다."

이때 예은이가 큰 소리로 외쳤다.

"저는 멕시코에 가야 해서 할아버지 집에 머물 수 없어요. 멕시코에 다녀와서 도장을 찾으면 안 돼요?"

변호사가 고개를 저었다. 아빠가 예은이에게 미안한 듯 말했다.

"예은아, 너는 이번 멕시코 여행에 함께 못 가겠구나. 할아버지 유언에 따라 도장을 찾아야 해."

아빠의 말이 텅 빈 머릿속에서 메아리쳤지만 예은이는 그 말을 믿을 수 없었다. 오늘 아침까지만 해도 멕시코에 간다는 생각에 얼마나 들떠 있었는지 모른다. 예은이가 아무리 항의를 해도 아빠는 고집스럽게 할아버지 집으로 가라는 말만 되풀이했다.

예은이는 이번 여름방학은 완전히 망했다고 속으로 중얼거렸다.

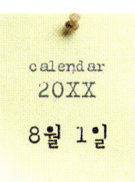

# 할아버지 집에 가다

밤 10시 즈음 조각가가 초인종을 누르자 예은이는 책과 옷이 잔뜩 든 배낭을 짊어지고 집을 나왔다. 원도는 차에서 가방을 무릎에 얹고 꾸벅꾸벅 졸고 있었다. 조각가는 아이들을 태우고 할아버지 집으로 출발했다.

차는 도시를 벗어나 한참을 달리더니 산속으로 난 좁은 오르막길로 들어섰다. 구불구불하고 울퉁불퉁한 길을 달리는 내내 나뭇가지가 탁탁 소리를 내며 양쪽 차창을 스쳤다. 차는 시커먼 어둠으로 뒤덮인 산실을 두 줄기 헤드라이트로 비추며 천천히 올라갔다.

한참을 올라가자 난데없이 널찍한 잔디밭이 나왔다. 조각가가 차를 세웠다.

"다 왔다. 너희 할아버지가 최근 2년 동안 만든 작품이지."

예은이는 눈앞에 버티고 있는 야릇한 건물을 바라보았다.

건축가가 거실에서 아이들을 기다리고 있었다.

"드디어 왔구나. 너희가 같이 쓸 방을 보여 줄게. 따라와라."

예은이는 화들짝 놀랐다.

"네? 원도랑 같은 방을 쓰라고요? 싫어요."

형제가 없는 예은이는 귀여운 동생이나 친구 같은 언니와 함께 방을 쓰면 좋겠다고 가끔 생각했지만 원도랑은 절대 아니었다.

"할아버지는 도장을 찾을 때까지 너희 둘이 모든 생활을 함께해야 한다고 하셨어. 미적거리지 말고 어서 따라와. 나는 너희 뒤치다꺼리나 하는 사람이 아니야."

건축가는 말을 마치고는 휙 돌아 계단을 올라갔다. 예은이는 할 수 없이 건축가를 따라갔다.

가방 무게 때문에 허리를 구부리고 계단을 올라가던 예은이는 발밑 계단 칸칸마다 그림이 그려진 것을 보았다. 사슴뿔 그림도 있고 소용돌이 모양으로 말린 조개 그림도 있었다. 예은이는 잠시 계단참에 서서 그림들을 바라보다가 다시 나머지 계단을 올라갔다. 원도는 예은이 속도에 맞추어 느릿느릿 뒤따라갔다.

건축가는 아이들을 오른쪽 복도 끝에 있는 방으로 안내했다. 방에는 작지만 단단해 보이는 침대 두 개가 구석에 나란히 놓여 있고, 긴 나무 책상과 의자가 창가를 향해 있었다.

건축가가 말했다.

"자정까지 10분 남았다. 어서 짐 풀고 아래층으로 내려와라."

예은이는 얼른 한 침대를 맡았다. 그리고 가방을 거꾸로 흔들어 속에

든 물건을 침대 위에 한꺼번에 쏟아 부었다. 원도는 굼뜬 동작으로 바깥쪽 침대에 걸터앉아 짐을 침대 위에 하나씩 꺼내 놓았다. 예은이는 느릿느릿한 원도의 행동에 갑자기 짜증이 나서 잘 개어 놓은 티셔츠를 침대 한구석에 휙 던지고는 방에서 나와 버렸다.

   아래층에는 조각가와 건축가가 소파에 앉아 있었다. 조각가 손에 불룩한 봉투가 들려 있었고 둘 사이에는 묘한 긴장감이 돌았다. 예은이는 맞은편에 앉아 발끝만 내려다보았다. 세 사람은 어색한 침묵 속에서 원도가 내려오기를 기다렸다.

# 수수께끼의 시작

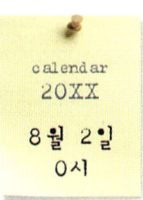

밤 12시 정각에 원도가 내려오자 조각가가 봉투를 내밀었다. 예은이가 재빠르게 받아 봉투를 열고 안에 든 물건을 꺼냈다. 붉은빛이 감도는 가죽으로 만든 작은 상자와 편지였다. 건축가가 편지와 상자를 힐끔거렸다.

**사랑하는 예은, 원도에게**

'작은 구멍으로 큰 세상 보기'에 첫발을 내디딘 것을 환영한다. 뜬금없이 무슨 소리냐고? 궁금해 할 너희 마음은 알지만 지금은 설명하지 않겠다. 도장을 찾기 위해 수수께끼를 풀어 나가다 보면 스스로 알게 될 테니까. 그럼 도장 찾기를 시작해 볼까?

이 상자를 여는 것이 너희가 풀어야 할 첫 번째 과제란다. 이 상자에 맞는 열쇠로만 열 수 있어. 열쇠는 서재에 있고, 열쇠에 관한 실마리는 바로 이 상자에 적혀 있지. 무조건 찾으려 들 게 아니라 잘 생각하고 사물을 주의 깊게 봐야만 찾을 수 있다. 행운을 빈다. _ **할아버지가**

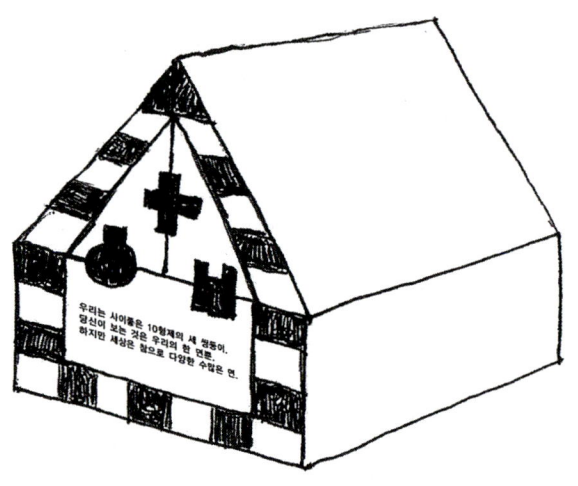

'이게 멕시코 여행도 포기하고 풀어야 할 문제란 말이지. 좋아, 기왕 이렇게 되었으니 문제를 풀어 꼭 도장을 찾아낼 거야.'

예은이는 상자를 가볍게 흔들어 보았다. 아무 소리도 들리지 않는다. 틈새에 손톱을 넣어 뚜껑을 열려고 했다. 하지만 상자는 고집스러운 조개처럼 입을 꼭 다물고 있었다.

조각가가 말했다.

"그렇게 해서는 열릴 것 같지가 않구나. 방에 가서 차분하게 생각해 보는 게 좋겠다."

예은이는 상자를 들고 방으로 갔다. 원도도 느릿느릿 뒤따랐다. 원도는 도장을 찾는 일에는 관심이 없는 듯 침대에 벌렁 드러누웠다. 예은이는 상자를 쥐고 요리조리 뜯어보다가 열쇠 구멍 아래에 적힌 글귀를 발견하고 소리 내어 읽었다.

"우리는 사이좋은 10형제의 세 쌍둥이. 당신이 보는 것은 우리의 한 면뿐. 하지만 세상은 참으로 다양한 수많은 면. 원도야, 너 이게 무슨 뜻인지 알겠냐?"

원도는 귀찮다는 듯 손을 저었다. 무관심한 원도의 태도에 예은이는 발끈했다.

"할아버지가 같이 도장을 찾으랬잖아."

원도가 나른한 소리로 대꾸했다.

"조금만 쉬었다가 하자. 너무 졸려서 아무것도 생각할 수가 없어. 잘 생각해 봐야 열쇠를 찾을 수 있다며. 조금이라도 자고 정신이 또렷할 때 하는 게 좋을 거야."

말을 마친 원도는 돌아눕더니 이내 숨을 색색 쉬었다. 예은이는 원도를 콱 쥐어박고 싶었지만 꾹 참고 혼자 서재로 갔다.

서재에 들어간 예은이는 독특한 풍경에 눈이 휘둥그레졌다. 보기 싫은 원도나 상자의 수수께끼 같은 건 싹 잊어버리고 주위를 둘러보았다.

벽은 곡선으로 되어 아치 모양의 긴 창이 나 있었고 한쪽 벽은 모두 책장으로 채워져 책이 꽂혀 있었다. 바닥은 나무로 되어 있는데 바둑판처럼 칸이 나뉘어 있었다.

예은이는 이내 정신을 차리고 방 안을 뒤지기 시작했다. 책상 위는 물론 책상 서랍 속에 있는 물건들도 샅샅이 살펴보고, 책장 구석을 뒤적거렸다. 화분 밑까지 들춰 보았지만 열쇠 비슷한 것도 보이지 않았다. 같은

곳을 몇 번이나 뒤졌는지 모른다. 시계를 보니 새벽 1시가 조금 넘었다.

'도대체 어디에 있는 거야? 서재에는 없는 건가? 분명히 여기에 있다고 했는데.'

예은이는 방으로 돌아왔다. 원도가 가볍게 코를 골며 정신없이 자고 있었다. 예은이는 아무 걱정도 없는 듯 자는 원도를 보자 잠시 쉬자는 생각이 들어 침대에 몸을 뉘었다.

'10분만 누워 있어야지.'

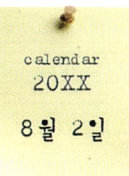

# 10형제 세 쌍둥이의 정체

"예은아, 아침 먹어라."

아래층에서 조각가가 부르는 소리에 예은이는 화들짝 놀라 눈을 떴다. 어느새 아침이 밝았다. 원도는 언제 일어났는지 벌써 방 안에 없었다.

'이런, 너무 많이 자 버렸네. 원도 녀석 일어났으면 좀 깨우지. 혹시 얘가 뭘 좀 찾았나?'

예은이는 벌떡 일어나 부엌으로 갔다. 조가가가 앞치마를 두른 채 음식을 접시에 담고 있고 원도는 한쪽 턱을 괸 채 잠이 덜 깬 표정으로 식탁 앞에 앉아 있었다.

'찾아보지도 않은 것 같군. 할아버지도 참, 원도랑 같이 도장을 찾으라니. 차라리 혼자 하는 게 훨씬 낫겠네.'

예은이는 조각가에게 따지듯 물었다.

"아무리 찾아도 열쇠가 없어요. 정말 서재에 있는 거예요? 다른 데 있는 거 아니에요?"

조각가가 김이 모락모락 나는 밥을 푸며 말했다.

"나는 잘 모르겠구나. 주어진 힌트를 다시 한번 잘 생각해 봐. 그리고 애들아, 상 차리는 것 좀 도와라."

달걀말이, 고등어조림, 콩자반 등 맛있어 보이는 반찬들이 많았다. 예은이가 눈을 동그랗게 뜨고 물었다.

"이걸 다 조각가 할아버지가 만드신 거예요? 우리 아빠는 요리를 전혀 못하는데."

조각가가 웃으며 말했다.

"맛있는 음식을 만들어 함께 먹으면 즐겁잖아."

조각가와 아이들이 식탁에 둘러앉자 건축가가 들어왔다. 조각가가 식사를 권했지만, 할 일이 많아 밥 먹을 시간이 없다며 냉장고에서 시커먼 가루를 꺼내 물에 타서 쭉 들이켜고는 밖으로 나가 버렸다. 밥을 다 먹은 뒤 조각가는 예은이와 원도에게 설거지를 시켰다.

예은이가 거품을 잔뜩 낸 수세미로 그릇을 문지르면 원도가 받아서 흐르는 물에 헹구었다. 예은이는 빨리 설거지를 끝내고 싶어 여기저기 거품을 튀기며 후다닥 문질러 원도에게 건넸다. 원도는 흥얼흥얼 노래를 부르며 그릇을 헹구고 덜 씻긴 밥풀을 손톱으로 살살 긁어 떼었다.

예은이는 그릇을 다 문지르자 앞치마를 획 벗어던졌다.

"끝."

원도는 끙 하는 소리를 내고 아직 반이나 남은 거품 접시를 천천히 헹구었다.

예은이는 부리나케 서재로 달려가 상자에 있는 글귀를 되풀이해서 읽었다.

"우리는 사이좋은 10형제의 세 쌍둥이. 당신이 보는 것은 우리의 한 면뿐. 하지만 세상은 참으로 다양한 수많은 면."

'할아버지는 잘 생각하고 사물을 주의 깊게 봐야 열쇠를 찾을 수 있다고 했어. 좋아, 다시 한번 생각해 보자. 왜 '사이좋은' 10형제인 걸까? 그냥 10형제일 수도 있잖아? 사이가 좋다는 건 함께 있다는 걸 말하는 건

가? 뭔지 잘 모르겠지만 그 10형제는 따로 떨어져 있지 않고 같이 모여 있을 거야.'

여기까지 생각한 예은이는 가슴이 두근거렸다. 추리 소설에 나오는 탐정이 된 것 같았다. 예은이는 두근거리는 마음을 진정하고 주위를 둘러보았다. 그러자 아까는 몇 번이나 보고도 그냥 지나쳤던 것이 눈에 들어왔다. 책상 위에 놓인 자석 덩어리였다. 자세히 보니 여러 모양의 작은 자석들이 다닥다닥 뭉쳐 있었다.

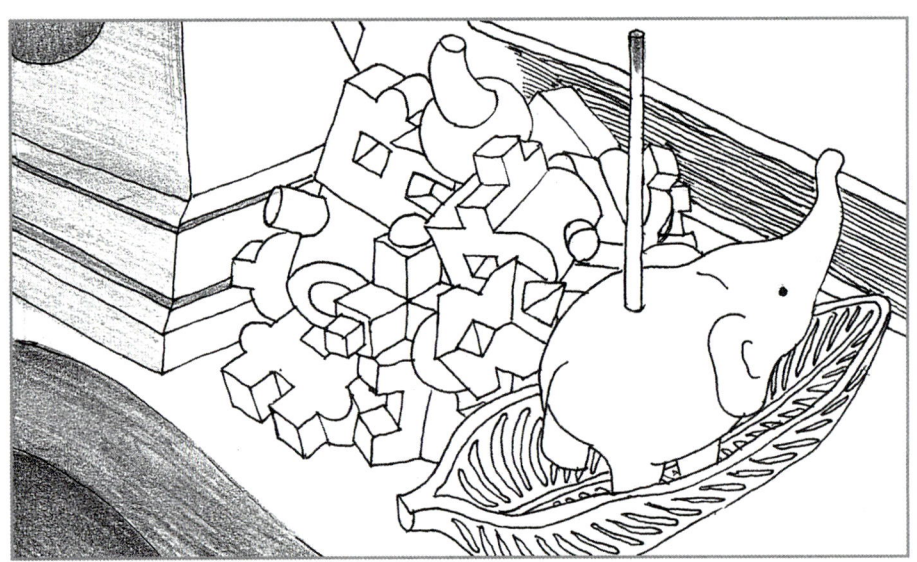

예은이는 자석 덩어리를 집어 들고 하나를 떼어 내려 했지만 잘 떨어지지 않았다.

'자석들이 서로를 끌어당기고 있어. 함께 있으려는 것처럼.'

예은이는 자석들을 하나씩 떼어 내어 서로 달라붙지 않게 간격을 두고 책상 위에 늘어 놓았다.

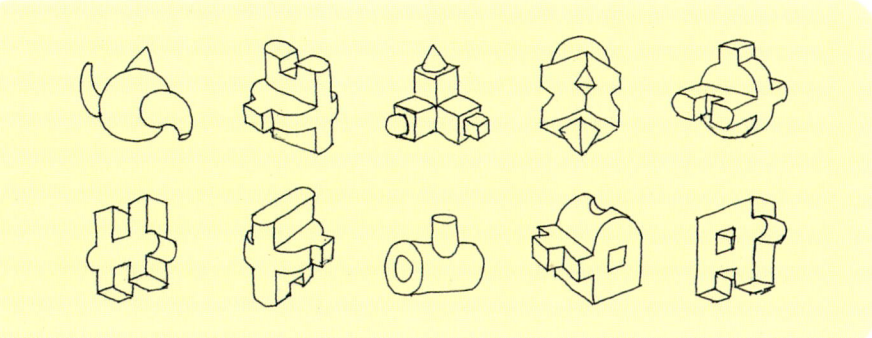

"하나, 둘, 셋, 넷…… 아홉, 열. 열 개? 그래, 10형제야. 세 쌍둥이를 찾아보자."

예은이는 자석들을 살피며 같은 모양을 찾았다.

"몸통이 동그란 건 이것밖에 없으니 이건 아니야. 통나무처럼 생긴 것도 아니고."

예은이는 공통된 특징이 없는 자석들을 차근차근 걸러 내었다. 그러자 모양이 같은 자석이 세 개 남았다.

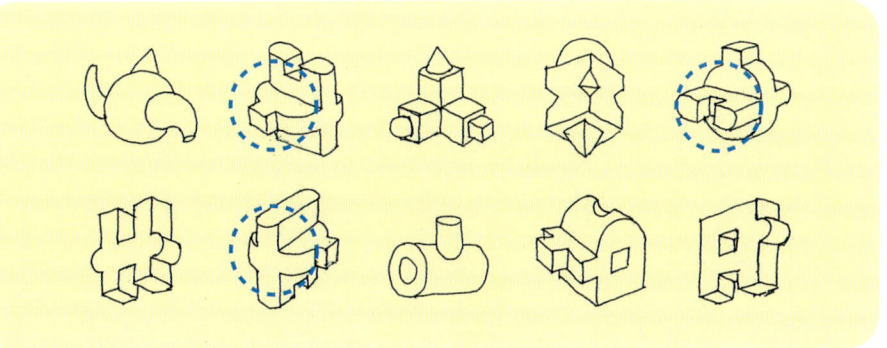

"세 쌍둥이다. 이게 열쇠인가?"

예은이는 자석 하나를 들고 눈앞에서 요리조리 돌려 보았다. 보는 각도에 따라 정면의 모양이 바뀌었다.

"당신이 보는 것은 우리의 한 면. 아, 그래, 면이 여러 개 있는 물체는 보는 각도에 따라 전혀 다르게 보일 수 있어."

예은이는 자석 세 개를 방향을 달리해 상자의 구멍에 넣었다. 마지막 자석을 넣자 달칵하고 상자가 열렸다.

"야호, 열었다, 열었어!"

상자 안에는 금색 끈으로 된 삼각형이 있는데 반짝거리는 금빛 못 세 개로 바닥에 고정되어 있었다. 금색 끈은 매듭이 지어져 있고, 꼭지점 구실을 하는 못 옆에는 불, 물, 별 모양이 그려져 있었다. 그리고 삼각형 안에는 "5원소 정원에서 황금을 찾아라."라고 적혀 있었다.

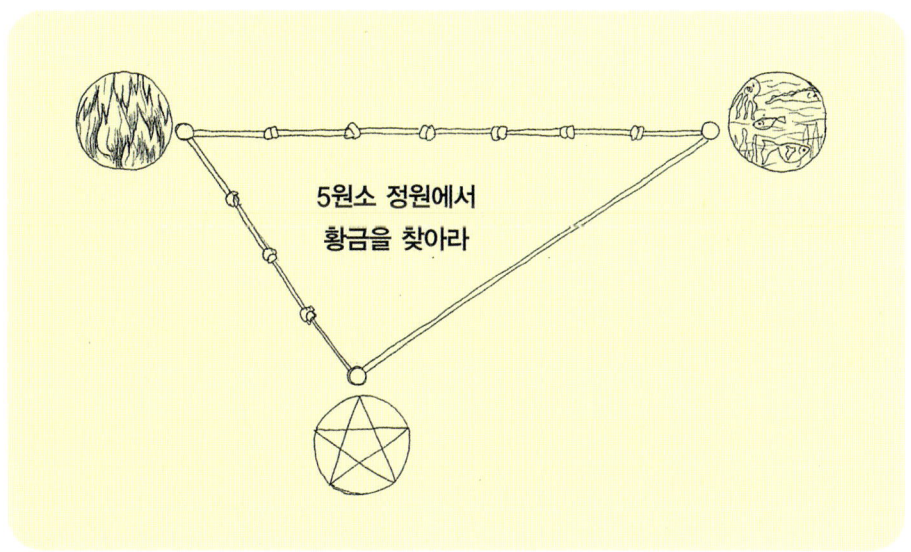

예은이는 고개를 갸웃거렸다.

"5원소 정원?"

예은이는 반짝거리는 삼각형을 햇빛에 이리저리 비춰 보고는 상자를 들고 아래층으로 내려갔다. 건축가는 거실에서 신문을 읽고 있었고, 원도는 마당에 쭈그리고 앉아 작은 막대기로 흙을 파헤치고 있었다.

예은이는 건축가에게 상자를 보여 주었다.

"제가 열었어요."

건축가는 신문을 내려놓고 예은이가 연 상자를 살펴보았다.

"그렇구나. 정말 상자를 열었네. 잘했어."

그러나 말을 하는 건축가의 미간에는 골이 깊게 파였다. 건축가는 상자 안의 삼각형을 주의 깊게 보며 좀처럼 돌려줄 생각을 하지 않았다.

"이제 그만 돌려주세요."

마침 조각가가 방에서 나오자 예은이는 건축가에게서 상자를 낚아챘다. 예은이는 조각가에게 달려가 자랑 섞인 투정을 부렸다.

"저 혼자 열쇠를 찾아 상자를 열었어요. 원도는 관심도 없어요. 도와 달래도 모른 척하고요. 저는 원도랑 같이 안 할래요. 혼자서도 얼마든지 할 수 있다고요."

조각가가 다소 엄하게 말했다.

"할아버지는 너희가 함께 문제를 풀어야 한다고 했어. 다음부터는 꼭 원도와 함께 문제를 풀어라. 나는 먼저 서재에 가 있을 테니 원도랑 같이 와라."

예은이는 잔뜩 토라졌다. 흐뭇했던 기분이 순식간에 사라져 버렸다.

'나는 원도한테 같이 열쇠를 찾자고 말했어. 아무것도 안 한 건 원도 잘못이야. 나는 잘못한 것도 없는데 이게 뭐야.'

예은이는 마당에서 태평하게 놀고 있는 원도를 거칠게 끌어당겨 서재로 데리고 갔다. 조각가는 원도에게 꾸중 한 마디 하지 않고 예은이가 연 상자를 보여 주었다. 원도는 감탄하거나 부러워하는 기색도 없이 마치 당연한 듯이 상자를 들여다보았다. 예은이는 조각가가 공정하지 않다고 생각했다.

그런 예은이의 기분을 아는지 모르는지 조각가는 원도와 예은이를 책상 앞에 놓인 긴 의자에 나란히 앉혔다. 예은이는 원도와 멀찌감치 떨어져 앉았다. 조각가가 품에서 흰 봉투를 꺼냈다.

"할아버지가 너희가 첫 번째 문제를 풀면 주라고 하셨어. 내가 나가면 뜯어 봐라."

조각가는 아이들의 어깨를 가볍게 두드리고 서재에서 나갔다.

# 기하학의 씨앗

예은이가 봉투를 열었다.

**사랑하는 예은, 원도에게**

이제부터 본격적인 문제들이 시작되는 거야. 그 전에 너희에게 들려주고 싶은 이야기가 있다.

먼저 아래 직선 그림을 봐라. 한 사람이 왼쪽 끝에 서 있고 다른 사람이 오른쪽으로 계속 걸어간다고 생각해 봐. 그 사람이 아주 멀리 가도 서 있는 사람은 걸어가는 사람의 머리부터 발끝까지 볼 수 있어. 물론 아주 작아 보이기는 하겠지만 말이야.

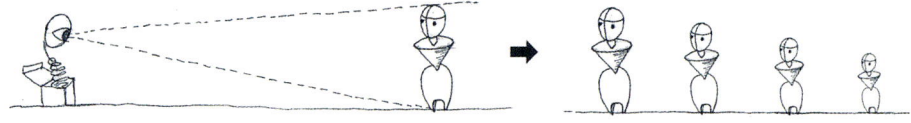

다음에는 아래 곡선을 언덕이라고 생각하고 한 사람이 왼쪽에 서 있다고 상상해 봐. 거기에 그대로 서서 다른 한 사람이 언덕을 넘어가는 모습을 보면 발부터 차츰 사라져서 마침내 머리까지 안 보이게 되지. 거리가 별로 멀지 않아도 완전히 안 보이게 돼.

그렇다면 바닷가에서 배가 몸체 아랫부분부터 사라지기 시작해서 차츰 돛대와 돛까지 사라지는 것을 보고 무엇을 알 수 있을까? 보통 사람들은 배가 멀리 가 버렸다고만 생각하겠지. 하지만 '작은 구멍으로 큰 세상

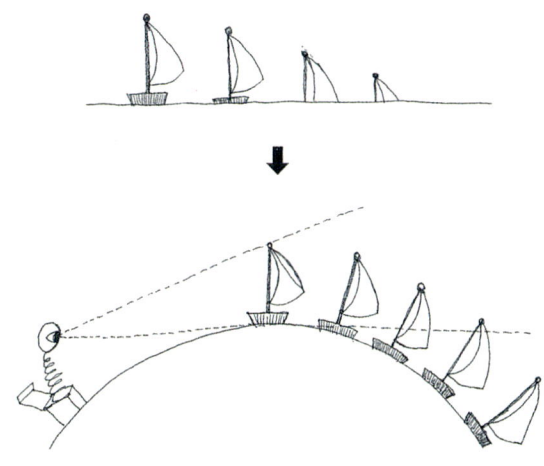

기하학의 씨앗 31

을 보는 사람'들은 이 장면을 보고 지구가 둥글다는 사실을 추리해 낼 수 있어. 인공위성에서 찍은 지구 사진을 안 보고서도 말이야. 굉장하지 않니?

내가 너희에게 도장 찾기 문제를 낸 것은 바로 '작은 구멍으로 큰 세상을 보는 법'을 알려 주고 싶어서야.

자, 그럼 시작해 볼까? 서재 왼쪽 벽에 있는 책장 맨 아래 칸 가장 왼쪽을 보면 내가 직접 만든 책이 꽂혀 있을 거야. 그 책의 겉장을 들춰 보렴.

책을 찾으려고 무릎을 굽히던 원도는 책장 앞 바닥에 '0 1 2 3……' 숫자들이 칼로 새겨져 있는 것을 보았다.

'누가 여기에 칼로 숫자를 새겼을까? 장난이라고 하기에는 너무 열심히 새겼다.'

"책 안 꺼내고 뭐 해?"

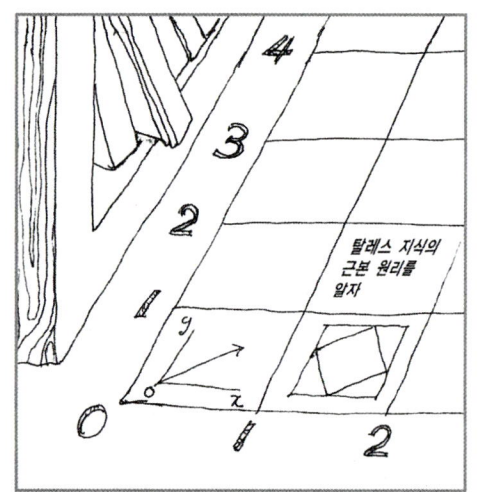

예은이는 원도를 밀쳐 내고 책을 찾아 꺼냈다. 손으로 일일이 구멍을 뚫고 가죽 끈으로 묶은 얇은 책이었다. 겉표지는 금박으로 아름답게 장식되어 있었다.

책은 할아버지의 편지로 시작되었다.

## 사랑하는 예은, 원도에게

이 책에는 너희가 도장을 찾는 데 필요한 지식이 모두 들어 있어. 한꺼번에 읽지 말고 반드시 하루에 내가 표시한 양만큼만 읽어라. 여기에서는 아무도 시키지 않으니 너희가 알아서 공부를 해야 해. 어때, 할 수 있겠지?

너희는 이제부터 '기하학'을 공부할 거야. 기하학이란 말이 낯설고 어렵지? 하지만 책을 읽어 나가다 보면 어떤 건지 감을 잡을 수 있을 거야.

기하학은 공간의 특성을 연구하는 학문이란다. 이를테면 종이처럼 납작한 평면과 우리가 살고 있는 입체적인 공간은 아주 다르지. 만일 납작한 평면이 고무줄처럼 막 늘어난다면 어떨까? 또 우리가 살고 있는 공간이 계속 늘어나거나 줄어든다고 생각해 봐. 어떤 일이 생길까?

기하학을 공부하려면 상상력이 필요해. 단, 기하학의 상상력은 '달나라에 가고 싶다' 또는 '탐험가가 되고 싶다'처럼 즐겁게 뭐든 마음대로 생각하는 것은 아니야. 기하학의 상상력에는 '왜 그런 것인가?'를 설명할 수 있는 능력이 필요해. 이 능력을 익히는 일이 까다롭고 힘들지도 모르지만, 작은 구멍을 통해 큰 세상을 보는 색다른 즐거움을 맛볼 수 있어.

그럼 시작해 볼까?

예은이는 이렇게 편지를 읽으니 할아버지가 바로 곁에 있는 것만 같았다. 예은이가 책장을 처음부터 끝까지 휘리릭 넘겼다. 책 중간 중간에 짧은 메모나 편지가 있었다.

예은이는 아직도 원도에게 심술이 나 있기는 했지만 원도도 잘 보이게 책을 놓았다.

"여기부터 보아야 할 것 같아."

### 첫째 날 ● 기하학의 출발

　기하학은 나일 강 유역에서 발생한 이집트 문명과 바빌로니아를 중심으로 하는 메소포타미아 문명에서 시작되었어.

　이집트에서는 해마다 대홍수로 나일 강 물이 넘치는 일이 일어났지. 강이 범람하면 상류에 있던 기름진 흙이 떠 내려와 하류에 쌓여서, 농사에는 도움이 되었지만 사람들이 만들어 놓은 땅의 경계를 완전히 없애 버렸어. 어디서부터 어디까지가 자기 땅인지 모르게 되자 사람들은 농토를 다시 구분하기 위해 넓이를 재고 원래 모양대로 그리는 측량 기술을 개발했는데, 이런 측량술이 바로 기하학의 출발점이 된 거야.

　이집트인들은 아주 복잡한 방법으로 땅의 넓이를 계산했는데 그 값은 거의 정확했어. 피라미드를 보면 이집트인들의 측량 기술이 얼마나 뛰어났는지 알 수 있지.

　피라미드가 무엇인지는 잘 알고 있겠지? 피라미드는 고대 이집트의 왕이나 왕족을 묻은 무덤인데 그 구조가 믿을 수 없을 정도로 과학적이야. 현대 과학으로도 설명하기 어려운 부분도 있어. 그래서 피라미드의 신비에 관한 책들도 꽤 많이 나왔지.

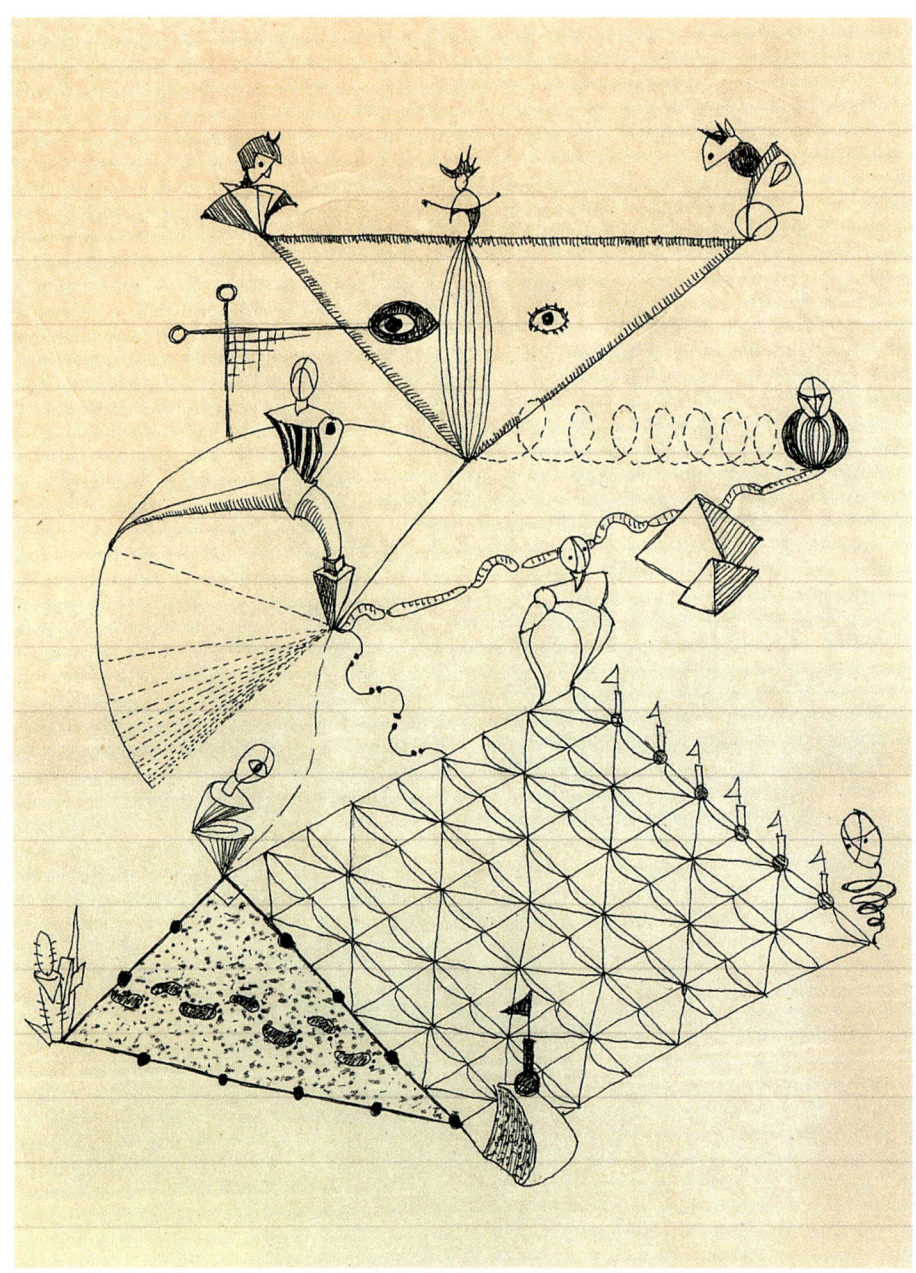

피라미드의 신비에 대해 자세히 알아보는 것도 재미있겠지만 지금은 피라미드에 쓰인 측량 기술에 관해서만 말할게.

피라미드 중 큰 것은 가로 길이가 200m가 넘기도 하는데 그 사각형 바닥은 네 각이 모두 정확히 직각(90°)이야.

그런데 너희, 한 변의 길이가 200m도 넘는 정사각형을 정확히 땅에 그리는 것이 얼마나 어려운 일인지 상상할 수 있겠니? 네 변의 길이를 똑같이 긋는 것이야 그다지 어렵지 않지만 어떻게 네 각을 모두 정확한 직각으로 맞출 수 있었을까?

이집트인들은 세 변의 길이의 비가 3:4:5인 삼각형을 만들면 3과 4 사이의 각이 직각이 된다는 사실을 발견하고 그것을 이용했어.

일정한 간격으로 매듭지어진 밧줄을 세 명이 팽팽하게 잡아당겨

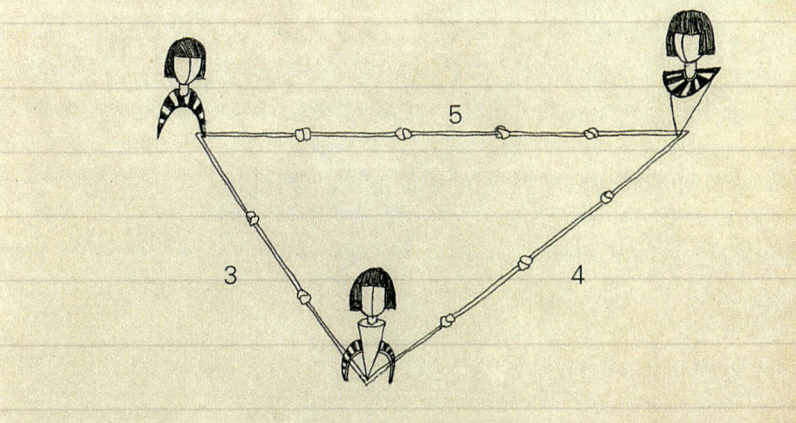

삼각형을 만드는 거야. 물론 삼각형 세 변의 비는 3:4:5지. 이런 방법을 쓰면 정확한 직각을 만들 수 있어. 이 삼각형은 직각삼각형이 되는 거지.

"원도야, 여기 있는 삼각형이랑 상자에 있는 삼각형이랑 똑같지 않아?"

"같지 않아."

원도가 작은 목소리로 말했다.

"뭐가 같지 않다는 거야? 이 삼각형에도 매듭이 있잖아."

예은이가 따졌다.

"매듭의 수가 달라."

예은이는 다시 상자 속 삼각형을 들여다보았다. 원도의 말대로였다.

그림 속 삼각형과는 달리 가장 긴 변은 매듭이 여섯 개, 짧은 변은 세 개 그리고 나머지 한 변에는 아무 매듭도 있지 않았다.

"왜 여기에는 매듭이 없지?"

예은이는 고개를 갸웃거렸다.

"책을 더 읽어 보면 뭔가 나오지 않을까?"

원도가 다음 장을 넘겼다.

메소포타미아 지역의 바빌로니아인들은 이집트인들보다 더 정교한 수학 지식을 가지고 있었어.

바빌로니아인들은 육지 안쪽으로 강이 흐르게 운하를 파는 작업을 할 때에도 수학 지식을 이용했어. 파내야 하는 부분의 넓이와 부피를 계산해서 파내야 하는 흙의 양을 계산한 거지. 게다가 하루에 한 사람이 파낼 수 있는 양을 가늠해서 몇 명이 며칠 동안 일을 해야 하는지도 알아냈어.

바빌로니아에서는 직각삼각형의 세 변이 되는 수를 점토판에 표로 만들어 기록했어. 그 표에는 3, 4, 5나 5, 12, 13 같은 작은 수뿐 아니라 45, 60, 75나 3456, 3367, 4825처럼 아주 큰 수도 있었어.

이렇게 큰 수까지 변의 길이를 일일이 재어서 알아냈다고 하기는 어렵겠지?

그래서 바빌로니아인들은 직각삼각형의 법칙을 알고 있었을 거라고 생각해.

"직각삼각형의 법칙이란 게 뭐지?"

예은이가 물었지만 원도는 아무 말 없이 책장을 넘겼다.

상자 안의 삼각형과 이집트 직각삼각형이 어떤 관련이 있는지 찾아냈니? 여기서 너희가 짚고 넘어가야 할 것이 있다. 상자 안의 삼각형은 과연 직각삼각형일까? 각도기로 재거나 직각자를 대 보아서 90°처럼 보이더라도 실제로는 89°나 91°일 수도 있어. 그렇다면 직각처럼 보여도 직각이 아니야.

각도기나 직각자도 믿을 수 없다면 무엇을 믿어야 할까?

그렇다면 어떻게 알 수 있을까?

오늘 수업은 여기에서 끝내자꾸나. 그럼 잘 생각해 보아라.

예은이가 투덜거렸다.

"직각처럼 보이면 직각삼각형이지 뭐야. 뭘 더 생각해 봐야 하지?"

원도가 나직하게 말했다.

"곤충을 살펴보면 겉모습은 같아 보여도 사실은 같지 않은 것이 많아. 쐐기나방의 고치는 잎맥 무늬가 있어서 잎이랑 구분이 잘 안 돼. 나뭇가지를 똑같이 흉내 내는 자벌레도 그렇고. 거미 중에는 개미와 비슷하게 생긴 것이 있는데, 개미가 이 거미를 동족으로 착각하고 자기 집으로 데려가면 거미는 개미의 애벌레를 잡아먹어. 이런 예는 엄청 많아. '그렇게 보이는 것'과 '실제로 그런 것'은 분명히 달라."

예은이는 왠지 한 방 먹은 것 같아서 원도 코앞에서 책을 탁 덮었다.

"아무튼 우리가 찾아야 하는 건 5원소 정원에 있는 황금이라고. 상자 안의 삼각형이 직각삼각형인지 아닌지를 아는 것이 도장 찾는 데 무슨 도움이 될까? 생각을 너무 많이 했더니 머리가 아프다. 야, 할아버지가 오늘 수업은 끝났다고 했으니까 나가 놀자."

예은이와 원도는 밖으로 나왔다. 날씨가 덥기는 했지만 산 위로 푹신하게 부푼 뭉게구름이 마음을 들뜨게 했다. 아이들은 집 옆에 붙은 계단을 내려가 집 뒤쪽으로 갔다. 뒤에서 보니 모양이 완전히 달라 마치 다른 집 같았다.

정면의 모양이 별난 것도 그렇지만 무엇보다도 검은 커튼이 쳐져 있어 안쪽이 전혀 보이지 않는 아래층이 이상했다. 예은이가 문을 밀어 보았지만 잠겨 있었다.

예은이는 유리 벽에 눈을 딱 붙이고 커튼 틈새로 안을 들여다보려고

했다. 하지만 안쪽이 너무 어두워 아무것도 보이지 않았다.

'다른 쪽은 막혀 있으니까 들어가는 문은 여기뿐인데 왜 잠겨 있을까? 안에는 뭐가 있는 거지? 혹시 여기에 도장이 숨겨진 거 아니야?'

예은이는 안으로 들어가 보고 싶은 마음을 참을 수가 없었다. 전자 자물쇠의 '온(on)' 단추를 누르자 액정 화면에 "암호를 입력하시오."라는 글자가 떴다.

'암호?'

예은이는 할아버지 이름, 큰아버지와 아버지 이름, 원도와 자기 이름 등 할아버지와 연관된 여러 단어를 입력했지만 어느 것도 맞지 않았다.

예은이가 문을 발로 뻥 차자 원도가 나무라는 투로 말했다.

"암호를 모르니까 당연히 안 열리지. 괜히 발로 차지 마."

예은이는 원도를 흘겨보고는 집 앞쪽으로 돌아와 2층으로 올라갔다. 서재 옆에 붙어 있는 방에 '건축가 김지성'이란 카드가 붙어 있었다. 살짝 노크를 하자 대답이 들렸다. 예은이는 문을 열고 안으로 들어갔다.

건축가는 예은이가 들어오자 끼적이던 종이를 얼른 책 사이에 끼워 넣었다.

예은이는 벽에 걸린 금박이 찍힌 상장들을 둘러보았다. 책상 위에는 빛나는 트로피들이 줄지어 놓여 있어서 아주 훌륭한 사람의 방에 들어온 것 같았다.

"이게 다 아저씨 거예요? 굉장해요."

건축가는 바쁘게 서류를 정리하면서 말했다.

"아직 멀었어. 성과를 더 많이 못 거두면 최고가 될 수 없어."

예은이가 다시 물었다.

"방금 집 뒤에 가 봤는데 문이 잠겨 있어요. 그 자물쇠 어떻게 여는 거예요?"

건축가가 분주하게 놀리던 손을 잠시 멈칫거렸다.

"나도 몰라. 네 할아버지는 거기를 비밀 장소라고 하면서 아무한테도 보여 주지 않았거든."

건축가는 예은이를 힐끔거리며 높이 쌓아 놓은 서류들을 소리 나게 펼쳤다 덮었다 했다. 예은이가 트로피를 구경하느라 나갈 생각을 하지 않자 건축가는 요란하게 한숨을 쉬며 예은이 들으란 듯 투덜거렸다.

"할 일이 정말 많군. 아무도 방해하지 않는 곳에 가서 일만 했으면."

예은이는 건축가가 무엇 때문에 그렇게 바쁜지 궁금해졌다. 예은이가 가까이 가서 기웃거리자 건축가가 버럭 소리를 질렀다.

"네가 얼쩡거리니까 집중이 안 돼. 좀 나가 줄래?"

예은이는 멋쩍어서 방으로 갔다. 원도는 아직 밖에 있는지 방에는 아무도 없었다.

원도 침대 위에는 스케치북 여러 권을 묶은 것이 놓여 있었다. 그리고 보니 원도가 할아버지 장례식장에서도 이 스케치북을 들고 있었던 것 같다. 첫 장에 '곤충 노트'라고 씌어 있다. 슬쩍 펼쳐 보았더니 곤충에 관한 그림이 잔뜩 그려져 있고 자잘한 글씨로 설명이 적혀 있었다.

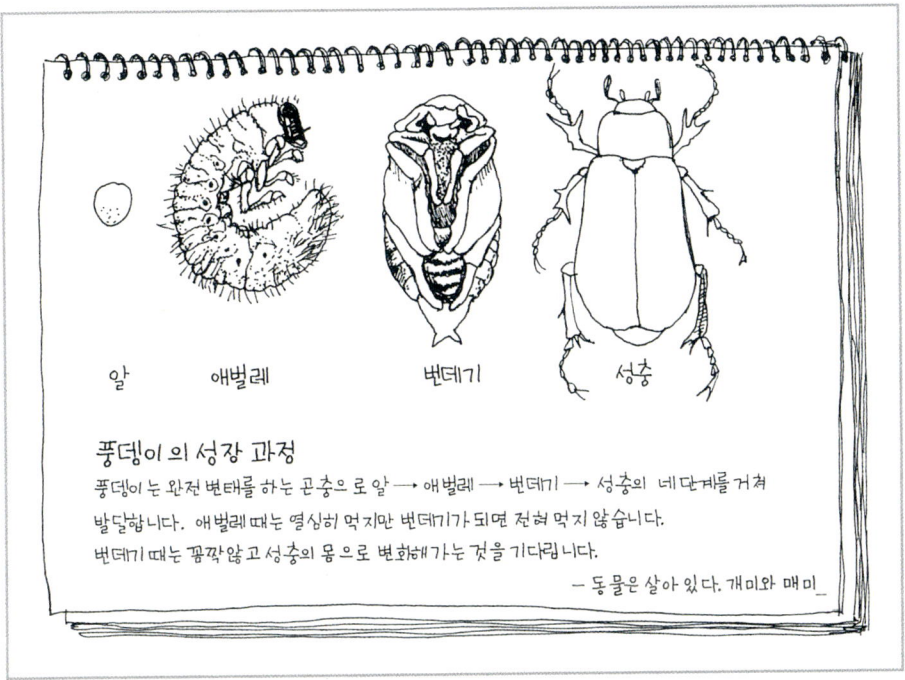

'원도가 직접 만든 건가? 이래서 그렇게 곤충에 대해서 잘 아는구나.'

예은이는 곤충 노트를 좀 더 뒤적이다가 원래 있던 자리에 놓고 침대로 가서 벌렁 누웠다.

'아, 재미없어. 수수께끼는 너무 어렵고 이 더운 날 서재에서 기하학인가 뭔가를 공부하는 것도 싫다. 빨리 도장을 찾아서 집에 가고 싶어.'

예은이는 몸을 반만 일으켜 책상에 놓여 있던 상자에 손을 뻗었다. 아무리 보아도 상자 안의 삼각형이 무엇을 뜻하는지 알 수 없었다.

"직각삼각형인지 아닌지 어떻게 알 수 있을까. 도대체 5원소 정원은 뭐야?"

예은이는 후유 한숨을 내쉬었다.

원도는 저녁 먹을 때가 다 되어서야 나타나서는 어정쩡한 자세로 예은이 둘레를 맴돌았다. 할 말이 있는 것 같은 눈치였으나 예은이는 일부러 쌀쌀맞게 굴었다. 그러자 원도가 한숨을 푹 내쉬더니 더는 가까이 오지 않았다.

# 탈레스 -
## 지팡이 하나로 피라미드의 높이를 재다

다음 날 유난히 일찍 눈을 뜬 원도는 그대로 누워 천장을 바라보았다. 원도는 집을 물려받는 일에는 관심이 없었다. 여기에 순순히 온 까닭은 자기를 가장 잘 이해해 주던 할아버지의 뜻이기 때문이었다. 또 여기에서는 신기한 곤충을 많이 볼 수 있다는 점도 좋았다.

원도는 옷을 갈아입고 아래층으로 내려갔다. 온 둘레가 조용한 것이 아직 아무도 깨지 않은 것 같았다.

'아침 먹을 때까지는 시간이 있으니까 거기에 다시 한번 가 봐야지.'

어제 오후에 원도는 집 근처 수풀을 헤치며 풍뎅이나 딱정벌레 같은 곤충들을 찾아보았다. 그러다 우연히 숲으로 난 오솔길을 발견했다. 오솔길을 따라 20분쯤 들어가자 새하얀 모래가 깔린 둥그런 공터가 나왔다. 공터 가장자리에는 매끈매끈한 하얀 돌로 만든 조각들이 일정한 간격으로 세워져 있었다. 짙은 녹색으로 뒤덮인 숲 속에서 하얀 공터는 눈부시게 빛났다.

뜻밖의 장소를 발견한 원도는 그 자리에 못 박힌 듯 서서 하얀 조각들과 모래를 바라보았다.

'굉장하다. 꼭 환상의 세계 같아. 누가 여기에 이렇게 조각품을 갖다 놓았을까?'

조각은 모두 다섯 개였다. 원도는 공터 가장자리에 있는 조각 하나하나를 꼼꼼히 뜯어보았다.

'조각마다 모양이 조금씩 다르네. 이건 삼각형만으로, 이건 사각형만으로, 이건 오각형만으로 되어 있다. 꼭 수학 책에 나오는 도형들 같아. 수학? 혹시?'

순간 원도의 머릿속에는 '5원소 정원에서 황금을 찾아라.'고 씌어 있던 상자 속 삼각형이 떠올랐다.

'조각품 다섯 개, 5원소. 둘 다 다섯 개네. 공터를 정원이라고 부른다면? 혹시 이곳이 5원소 정원과 관련이 있지 않을까? 하지만 어떻게? 또 왜 이 조각들은 원소라고 부르는 거지?'

원도는 집으로 돌아가 예은이에게 하얀 공터에 대해 이야기하려 했지만, 예은이의 쌀쌀맞은 태도에 말도 못 붙이고 말았다.

원도는 사람들이 깨지 않게 조심스레 문을 닫고 하얀 공터로 발걸음을 옮겼다. 이른 아침의 공터는 어제와는 달리 차분하고 선선한 느낌이었지만 여전히 원도의 마음을 사로잡았다. 보면 볼수록 다섯 개의 조각과 5원소가 관련이 있을 것 같았다.

원도는 그저 홀린 듯이 하얀 공터를 바라보다가 아침 먹을 시간이 되었다는 생각에 집 쪽으로 몸을 돌렸다.

원도는 아침을 먹는 내내 하얀 공터가 눈앞에 어른거렸다. 밥을 먹고 다시 나가려 할 때 예은이가 물었다.

"그 삼각형이 직각삼각형인지 아닌지 생각해 봤냐?"

원도가 입에 풀칠을 한 듯 가만히 있자 예은이가 말했다.

"생각 안 해 봤어? 나는 생각해 봤는데 잘 모르겠더라. 어서 서재에 가서 오늘 공부할 부분을 읽고 싶어. 빨리 올라가자."

원도는 아쉬운 듯 밖을 힐끔거리며 예은이의 뒤를 따랐다.

예은이가 책을 꺼내 들고 오늘 공부할 부분을 펼쳤다.

### 둘째 날 ● 기하학의 아버지, 탈레스

사랑하는 예은, 원도.

어제는 기하학이 시작된 이집트와 바빌로니아에 대해 공부했지.

이집트인과 바빌로니아인들은 예리한 관찰로 자연에서 지식을 찾아내고 그 지식을 실생활에 아주 잘 이용했어. 하지만 그 사람들은 자신들이 알아낸 지식이 어떤 법칙을 갖고 있는지, 왜 그런 법칙이 생기는지, 찾아낸 지식을 이용하여 더 큰 진리를 알아낼 수 있는지는 깊이 고민하지 않았지. 이런 생각들은 피라미드를 만들거나 집을 짓는 일에는 필요하지 않다고 여긴 거야.

하지만 탈레스는 달랐어. 그리스 사람인 탈레스는 기하학을 최

초로 만든 사람이야. 그럼 탈레스가 어떻게 기하학을 탄생시켰는지 볼까?

탈레스는 기원전 624년 무렵 고대 그리스의 도시인 밀레토스에서 태어났어. 탈레스는 이집트와 바빌로니아를 여행하면서 과학이나 수학과 관련된 지식을 배웠고 배운 지식을 그리스에 전파했지.

탈레스는 이집트와 바빌로니아의 수학 지식을 바탕으로 자신의 학문을 만들고 기하학이라고 이름을 붙였어. 기하학은 영어로 'geometry'인데 'geo(지오)'는 '땅'이라는 뜻이고 'metry(메트리)'는 '측량'이라는 뜻이야.

이름만 봐도 이집트와 바빌로니아에서 영향을 받았다는 것을 알 수 있겠지? 하지만 탈레스의 기하학은 이집트나 바빌로니아의 수학 지식과는 달라.

탈레스는 이집트와 바빌로니아의 단편적인 수학 지식들에서 규칙을 찾아내고 왜 그런 규칙들이 생기는지 밝혀내려고 했어. 그 결과 탈레스는 그때까지 실용적인 목적으로만 쓰였던 수학 지식을 논리적으로 증명해 가면서 연구하는 학문으로 만들었지.

예를 들어 이집트 학자들은 '반원의 원주(원의 둘레) 위 한 점과 지름의 양 끝 점을 연결해서 만든 각은 직각'이라는 사실을 알고 있었지만 어떻게 직각이 되는지에 대해서는 생각하지 않았어.

하지만 탈레스는 왜 그렇게 되는지 그리고 그 규칙이 늘 맞는지 궁금했지. 재 보면 알지 않느냐고 생각하겠지만, 크기가 다른 원이 무수히 많고 반원 위에 한 점을 찍는 방법도 셀 수 없이 많아서 일일이 재는 건 불가능해.

* 반원의 원주 위 한 점과 지름의 양 끝 점을 연결해서 만든 각은 직각.

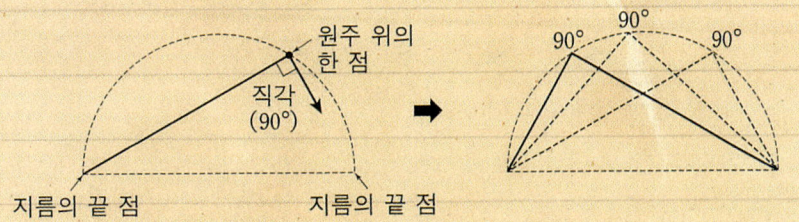

탈레스는 이런 문제를 해결하기 위해 '대표'를 이용하는 방법을 생각했어. 이를테면 개미를 연구할 때 수백 마리의 개미를 모두 연구하는 것이 아니라 한 마리를 잡아서 연구하는 것과 같아.

● 증명 과정
1. 반원 둘레 위 아무 곳에나 점(P)을 하나 찍는다.

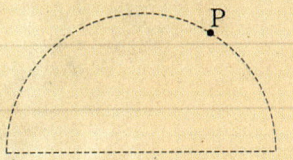

2. 이 점을 원의 중심(O), 지름 끝 점(A,B)과
   연결하여 두 개의 삼각형을 만든다.

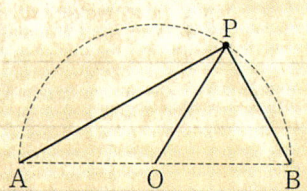

3. 삼각형 AOP와 삼각형 BOP는
   이등변삼각형이다.
   * 원의 반지름은 같기 때문이다.
   * 이등변삼각형이란 두 변의 길이가 같은
     삼각형을 말한다.

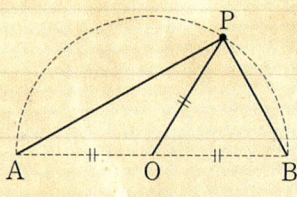

4. 삼각형 PAB의 내각(안쪽에 있는 각)을
   다 더해 보면 $\alpha + \alpha + \beta + \beta$로 나타낼 수 있다.
   * 이등변삼각형의 두 밑각의 크기는 같다.

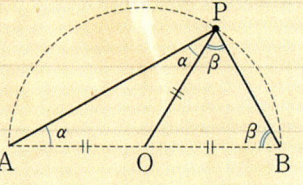

5. 삼각형 내각의 합은 180°이므로
   $\alpha + \alpha + \beta + \beta = 180°$
   $2(\alpha + \beta) = 180°, \alpha + \beta = 90°$

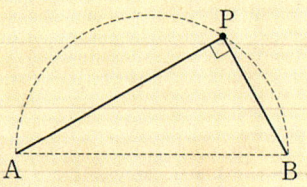

따라서 반원이 크건 작건 점 P가
어디에 있건 지름 위에만 있지 않으면 각 APB는 직각이 된다.

"아하, 알았다. 이제 상자 안의 삼각형이 직각삼각형인지 아닌지 알 수

있다고."

예은이는 컴퍼스를 이용하여 삼각형의 불 그림과 물 그림을 연결하는 선을 지름으로 하는 반원을 상자 안에 그렸다.

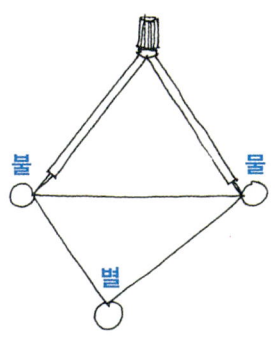

1. 컴퍼스 양 끝을 삼각형 가장 긴 변에 일치하도록 벌린다.
(상자 안에 자를 넣을 수 없으므로 컴퍼스를 이용한다.)

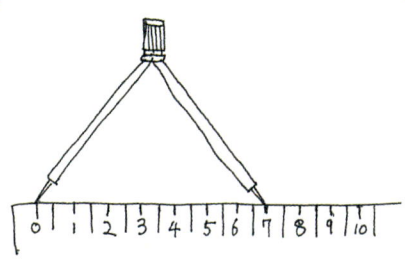

2. 컴퍼스를 그대로 들어올려 길이를 잰다. 7cm. 7cm의 반은 3.5cm.

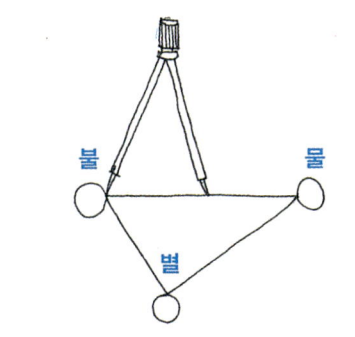

3. 컴퍼스를 3.5cm로 벌린 뒤 한쪽 꼭지점에 놓는다.

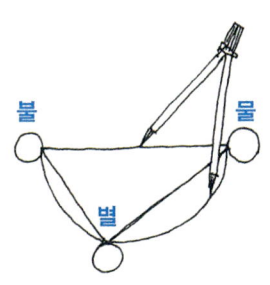

4. 반원을 그린다.

탈레스 - 지팡이 하나로 피라미드의 높이를 재다

별 그림이 있는 꼭지점이 반원의 원주 위에 정확히 놓였다.

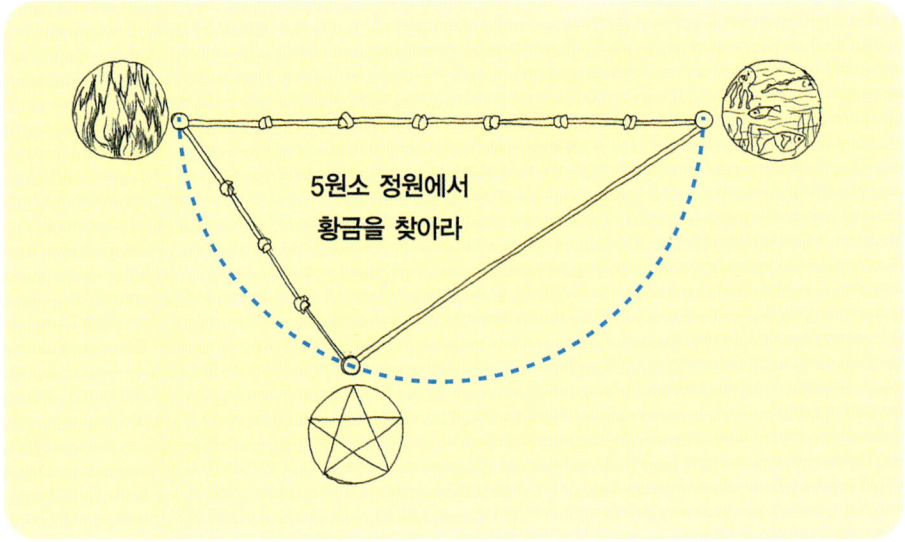

"이건 직각삼각형이야."

예은이는 의기양양하게 말했다.

예은이와 원도는 다음 쪽을 읽었다.

지식의 원리를 이해하면 그 원리를 이용해서 다른 문제를 풀 수 있어.

예를 들어 이집트인들은 피라미드를 만들기는 했지만 높이는 몰랐지. 그런데 탈레스는 아주 간단한 방법으로 피라미드의 높이를 알아내어 이집트인들을 깜짝 놀라게 했어. 바로 '닮음의 원리'를 이용한 거야.

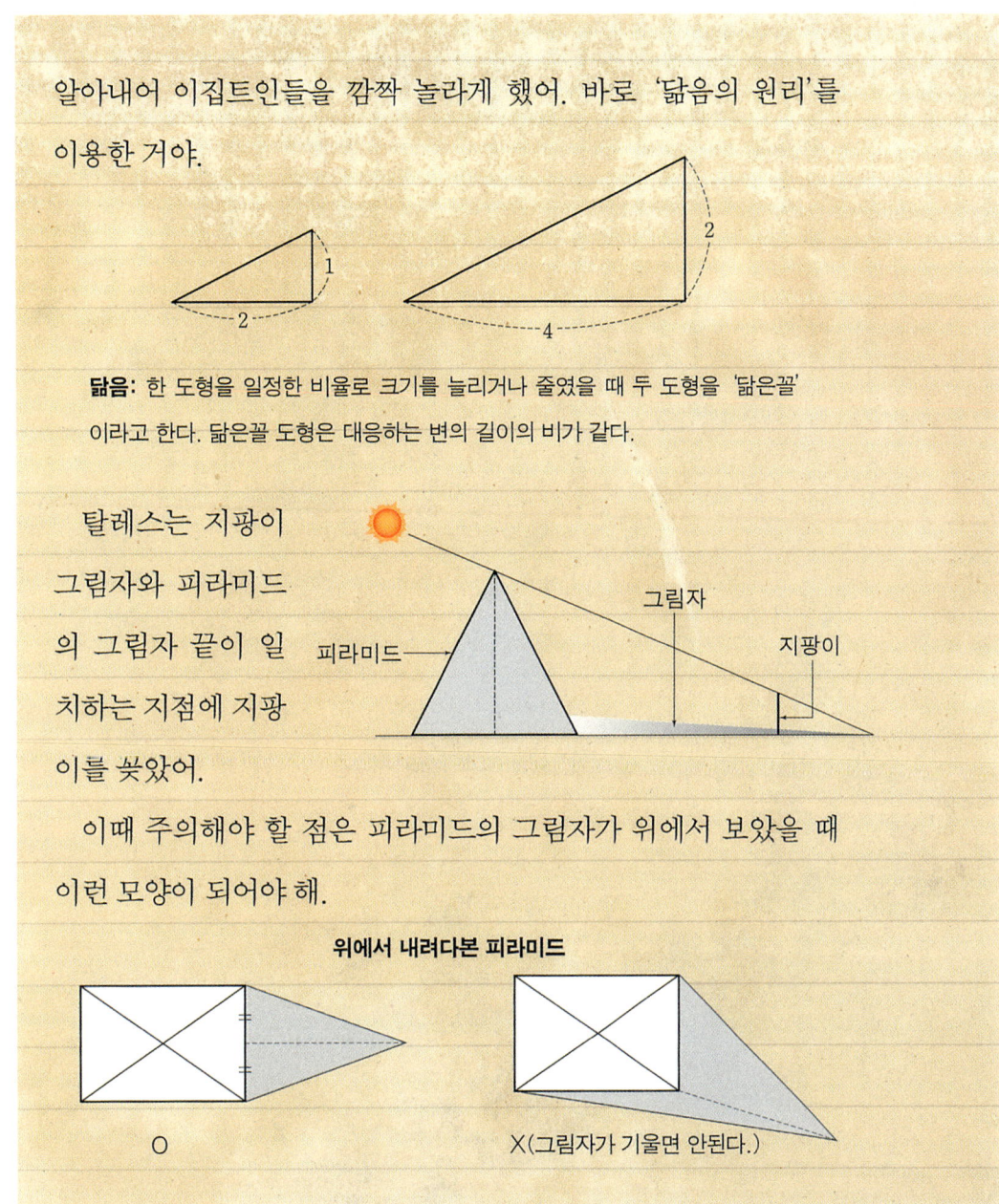

**닮음:** 한 도형을 일정한 비율로 크기를 늘리거나 줄였을 때 두 도형을 '닮은꼴' 이라고 한다. 닮은꼴 도형은 대응하는 변의 길이의 비가 같다.

탈레스는 지팡이 그림자와 피라미드의 그림자 끝이 일치하는 지점에 지팡이를 꽂았어.

이때 주의해야 할 점은 피라미드의 그림자가 위에서 보았을 때 이런 모양이 되어야 해.

**위에서 내려다본 피라미드**

O          X(그림자가 기울면 안된다.)

즉 그림자의 꼭지점에서 밑변에 수직으로 내린 선분이 밑변을 정확히 2등분해야 해.

이제부터는 간단해. 닮음의 원리를 이용해 높이를 계산하면 돼.

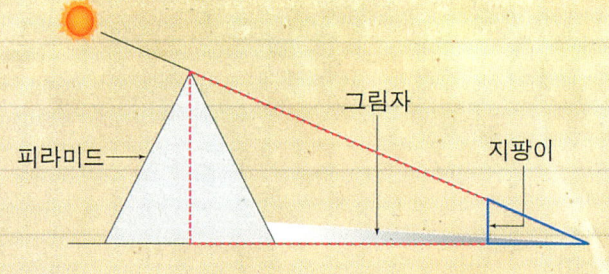

두 삼각형은 닮은꼴이므로 피라미드 그림자 길이와 지팡이 그림자 길이, 지팡이 길이를 알면 피라미드 높이를 구할 수 있다.

탈레스는 닮음의 원리를 이용하여 산을 사이에 둔 두 지점이나 바다 위에 떠 있는 배같이 갈 수 없는 곳까지의 거리도 쟀어.

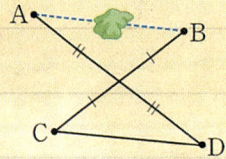

산을 사이에 둔 A와 B사이의 거리
= C와 D 사이의 거리

지식의 기본 원리를 알기 때문에 하나의 지식에서 더 많은 지식을 얻을 수 있는 거지.

자, 탈레스에 관한 것은 이만 하자.

왜 기하학이 이집트나 바빌로니아가 아니라 뒤늦게 수학 지식을 전수 받은 그리스에서 발전했는지 알겠니?

그리스인들은 '왜 그렇게 되는가?'와 같은 기하학의 본질을 연구했기 때문이야. 그리스인들은 호기심이 아주 많았고 특히 우리가 사는 세상, 우주에 관해 알고자 했지. 바로 그 호기심 덕분에 눈에 보이지 않은 부분까지도 알 수 있게 된 거야.

예은이는 할아버지의 마지막 말이 꼭 자기에게 하는 말 같았다.

대부분의 사람들은 예은이가 질문을 많이 하면 귀찮아 하거나 건방진 아이로 여긴다. 하지만 할아버지는 예은이가 줄곧 뭘 물어도 지치지 않고 대답을 해 주었다.

"예은이는 호기심이 많구나. 호기심은 학문을 할 때 꼭 필요한 태도지. 너는 정말 좋은 자질이 있는 거야."

할아버지의 이런 말에 우쭐했던 적도 있다.

예은이는 할아버지가 이제 없다는 사실을 떠올리고 갑자기 기분이 울

적해져 눈을 깜빡이며 다음 장을 넘겼다.

그러자 갑자기 원도가 눈을 휘둥그렇게 뜨고 숨을 훅 들이마셨다.

'하얀 공터에 있는 조각들과 똑같다!'

원도는 정신없이 책을 읽어 내려갔다.

당시 많은 그리스인들은 기하학이 우주의 신비를 나타낸다고 생각했고, 그리스 최고의 철학자 플라톤 역시 다섯 개의 정다면체가 우주를 이루는 요소들을 상징한다고 믿었어.

정다면체란 각 면이 모양과 크기가 같은 정다각형이고, 각 꼭지점에 모이는 면의 개수 또는 모서리의 개수가 항상 같은 입체도형이야.

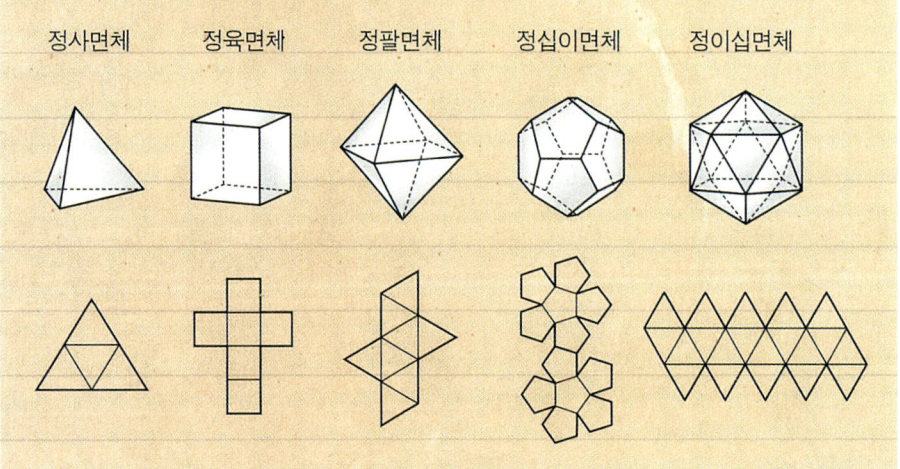

평면에 그릴 수 있는 정다각형은 정삼각형, 정사각형, 정오각형, 정육각형 들처럼 변의 개수를 계속 늘릴 수 있어. 하지만 3차원 공간에서 만들 수 있는 정다면체는 정사면체, 정육면체, 정팔면체, 정십이면체, 정이십면체 다섯 가지뿐이지.

재미있게도 정다면체는 꼭지점이나 모서리를 일정한 규칙을 가지고 잘라 내면 다른 정다면체로 바꿀 수가 있어.

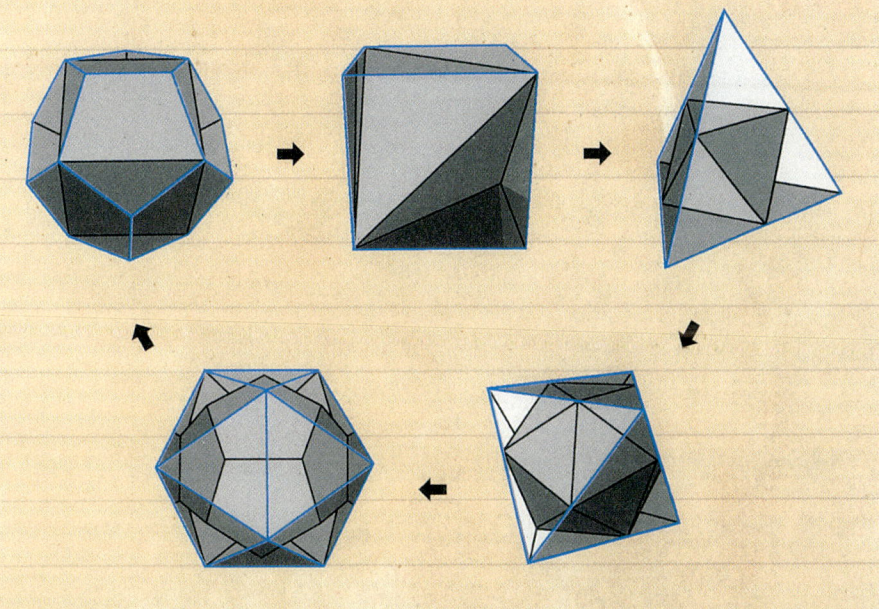

플라톤은 정사면체는 불, 정육면체는 흙, 정팔면체는 공기, 정이십면체는 물, 그리고 정십이면체는 우주를 상징한다고 믿었어.

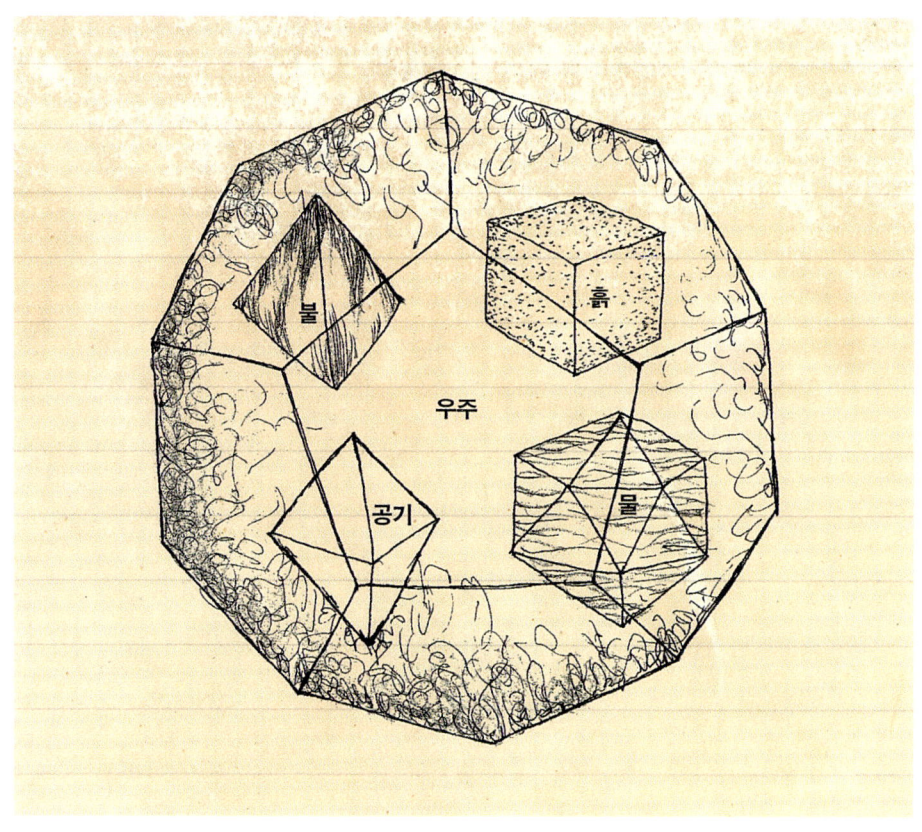

원도는 흥분한 얼굴로 예은이를 뚫어지게 보았다. 할아버지에 대한 그리움에 젖어 있던 예은이는 원도가 그런 표정으로 바라보자 기분이 나빠졌다.

"뭘 그렇게 보니?"

보통 때라면 예은이의 퉁명스러운 말투에 고개를 돌렸을 원도지만 이번에는 그렇지 않았다. 원도는 떨리는 목소리로 말했다.

"어제 하얀 조각들이 있는 공터를 발견했는데, 그 조각들이 이 도형들이랑 똑같아. 5원소 정원이랑 관계있지 않을까?"

예은이는 귀가 번쩍 띄었다.

"뭐? 그렇게 중요한 걸 왜 이제 말해?"

"어제 얘기하려고 했는데 네가 말할 기회나 줬냐?"

"그래도 그렇지. 지금 당장 가자."

아이들은 수풀이 무성한 오솔길을 따라 숲으로 들어갔다.

# 5원소 정원

calendar
20XX
8월 3일

하얀 공터에 도착한 예은이는 조각들을 바라보며 상자 속에 적힌 글귀를 읊조렸다.

"'5원소 정원에서 황금을 찾아라.' 정사면체, 정육면체, 정팔면체. 플라톤이 말한 불, 흙, 공기. 여기가 분명 5원소 정원일 거야. 여기에 황금이 있단 말이지? 빨리 파 보자."

예은이는 뺨이 발갛게 상기되어 다짜고짜 공터 한복판으로 가더니 땅을 파헤쳤다. 손끝이 얼얼해지도록 헤쳤지만 땅은 생각보다 단단하여 아주 조금밖에는 팔 수가 없었다. 예은이가 땀을 뻘뻘 흘리며 소리쳤다.

"땅이 너무 단단해서 잘 안 돼. 삽을 가져와야겠어."

공터가 마구 파헤쳐질까 봐 걱정이 된 원도는 조심스럽게 말했다.

"삽을 가져와도 이곳을 다 파헤칠 수는 없어. 황금이 어디쯤 묻혀 있는지 먼저 알아내야 해. 서재로 가서 수수께끼를 좀 더 연구하고 정확한 자리를 찾아서 파는 게 좋겠어."

원도는 간신히 예은이를 설득해 서재로 돌아왔다.

서재에서 아이들은 책과 상자를 들여다보고 서로 의논하면서 빈 종이에 무엇인가를 그려 보고 지웠다가 다시 그리기를 되풀이했다. 마침내 탁구공처럼 이리저리 튀어 다니는 생각들이 또렷하게 정리되었다.

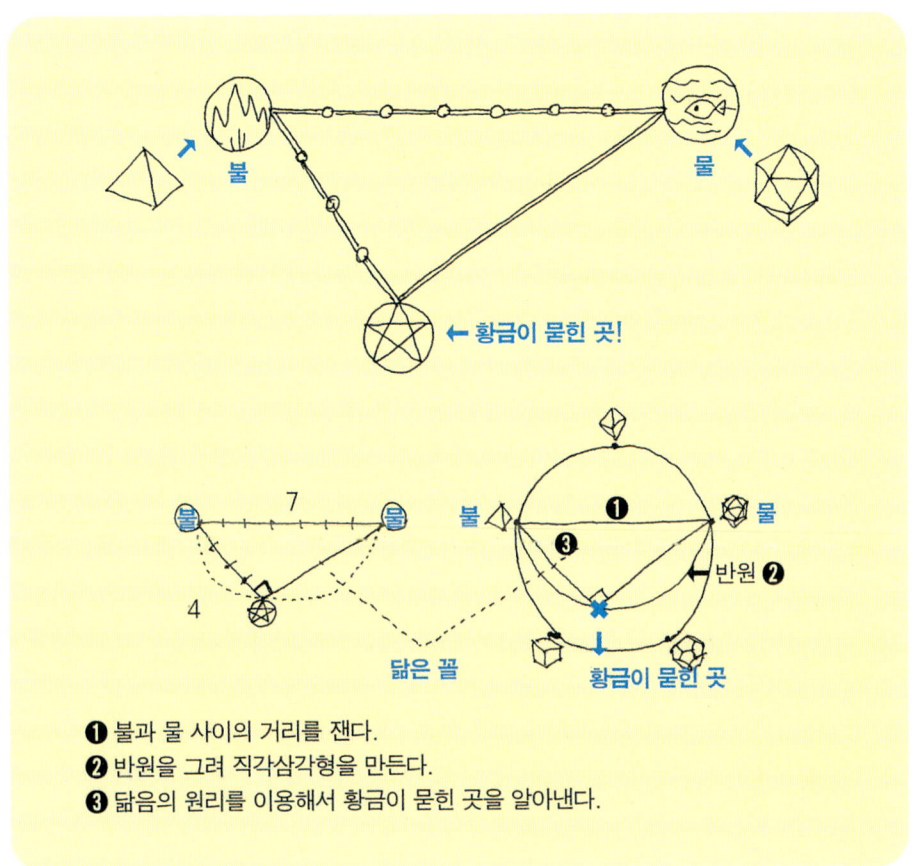

❶ 불과 물 사이의 거리를 잰다.
❷ 반원을 그려 직각삼각형을 만든다.
❸ 닮음의 원리를 이용해서 황금이 묻힌 곳을 알아낸다.

아이들은 공책, 줄자, 납작한 종이끈, 못, 망치, 삽 등을 가지고 5원소 정원으로 갔다.

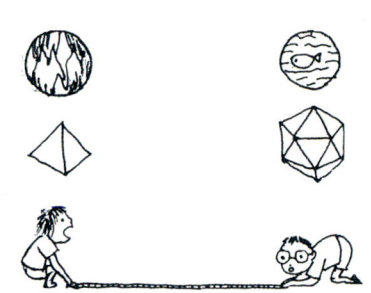

예은: 불과 물은 이거지? 이 사이가 몇 cm 인지 재 보자.
원도: 350cm야. 줄자를 돌로 고정하고 바닥에 선을 긋자.

예은: 이제 지름이 350cm인 반원을 그려야지. 이 종이끈을 정확히 반으로 자른 다음 한끝을 중심에 놓으면……
원도: 내가 다른 끝을 잡고 반원을 그리면 돼. 완전히 인간 컴퍼스네.

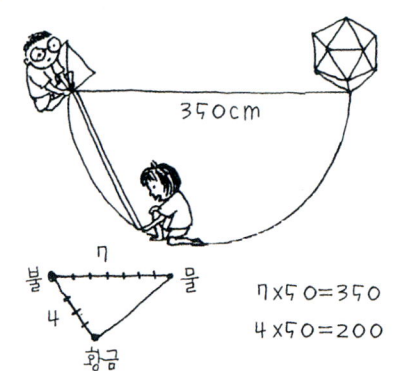

닮음의 원리를 이용하면 불의 기둥에서 황금이 있는 곳까지 200cm. 종이끈을 200cm로 잘라서 반원의 둘레에 놓자.

원도: 여기를 파 보자.
예은: 어, 뭔가 딱딱한 것이 닿았어.

'탕' 하는 소리로 봐서 반들반들한 도자기 같았다. 삽을 한쪽에 놓고 두 손으로 흙을 파내자 곧 땅속에 있던 물체가 모습을 드러냈다. 원기둥 모양의 검은 통이 햇빛 아래 반짝였다.

예은이가 이맛살을 찌푸렸다.

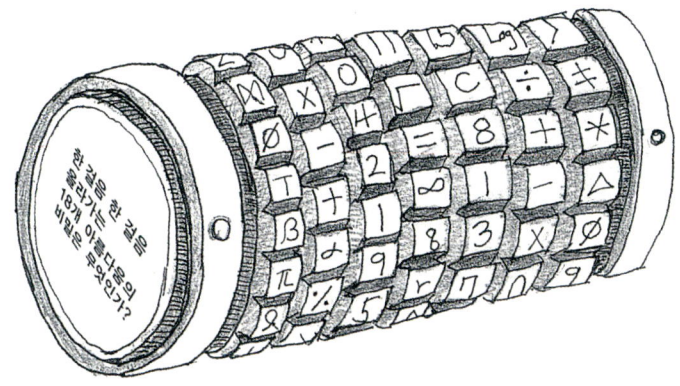

"이게 뭐야? 황금이 아니잖아?"

아이들은 원통을 흔들어 보기도 하고 가볍게 두들겨 보기도 했다. 흔들 때마다 사각사각 소리가 났지만 원통의 뚜껑은 열리지 않았다. 원통의 옆면에는 이렇게 씌어 있었다.

'한 걸음 한 걸음 올라가는 18개 아름다움의 비밀은 무엇인가?'

"분명히 안에 도장이 들어 있을 거야. 이걸 부숴서 꺼내자."

예은이는 원도가 말릴 새도 없이 원통을 땅에 힘껏 내동댕이쳤다.

"앗."

원도가 외마디 소리를 지르며 예은이를 밀치고 원통을 집어 들었다.

원통은 흠 하나 나지 않고 그대로였다.

원도가 예은이를 흘겨보며 큰 소리로 말했다.

"안 열린다고 함부로 부수려고 하면 어떡해? 통이 필요할지도 모르잖아?"

원도는 원통을 꼼꼼히 살펴보았다.

일곱 개의 고리는 찰칵찰칵 돌아가게 되어 있고 통의 양 끝에는 금색 점이 하나씩 찍혀 있었다. 옆면을 보니 큰 원통 안에 작은 원통이 하나 딱 맞게 들어가 있는 걸 알 수 있었다.

'고리는 왜 돌아갈까? 그리고 양쪽의 점은 뭐지? 이거 혹시 번호로 여는 자물쇠랑 비슷한 게 아닐까?'

원도는 예은이에게 말했다.

"고리에 적힌 부호들을 정확한 순서로 양 점 사이에 놓으면 통이 열릴 것 같아. 이렇게 돌려서 맞추는 거지."

원도는 고리를 돌려 각 부호들을 점 사이에 나란히 맞추어 보았다. 원통은 열리지 않았지만 예은이는 쉽게 원리를 이해했다.

"이리 줘 봐. 나도 해 볼래."

예은이는 되는 대로 고리를 돌리며 우연히 맞아 들기를 바랐지만 아무리 해도 원통은 열리지 않았다.

"어떻게 이 많은 번호를 맞춰? 세 개나 네 개도 힘든데 일곱 개나 된다고. 불가능해."

원도가 차분히 말했다.

"원통 옆에 적힌 문구가 힌트일 거야. 그걸 풀어야 해."

예은이가 툴툴거렸다.

"한 걸음 한 걸음 올라가는 18개 아름다움의 비밀은 무엇인가? 이게 무슨 힌트야? 암호 같다, 암호."

원도는 예은이가 원통을 열려고 안간힘을 쓰는 것을 보며 물었다.

"그런데 왜 할아버지는 원통을 찾으라고 하지 않고 5원소 정원에서 황금을 찾으라고 했을까?"

예은이는 원통 열기에 마음이 바빠 원도의 질문을 대수롭지 않게 받아넘겼다.

"글쎄, 좀 더 그럴 듯해 보이려고 그런 게 아닐까? '원통을 찾아라.' 하는 것보다 '황금을 찾아라.' 하는 게 더 멋있잖아. 그건 그렇고 진짜 못 열겠다. 일단 집에 가서 생각하자."

예은이와 원도는 원통과 가져온 물건들을 가방에 챙겨 넣고 파헤친 흙을 다시 덮어 꼭꼭 다진 뒤 집까지 달려갔다.

헐떡거리며 집 앞 마당에 도착했을 때에는 둘 다 땀으로 범벅이 되어 있었다. 예은이가 잔디에 물을 주는 호스를 하늘로 치켜들더니 물을 세게 틀었다. 분수처럼 솟구친 물이 아이들 머리 위로 떨어졌다. 예은이는 큰 소리로 웃으며 물을 사방팔방으로 뿌려 댔다. 원도는 처음에는 떨어지는 물을 피하려고 했지만, 옷이 다 젖어 버리자 포기하고 예은이가 흩

뿌리는 시원한 물줄기를 즐겼다.

그때 서재에서 일을 하던 건축가가 베란다로 나왔다. 더운 여름날인데도 와이셔츠에 넥타이까지 매고 있었다.

"좀 조용히 할래? 지금 나는 중요한 일을 하고 있거든."

순간 호스가 예은이의 손에서 미끄러지면서 건축가에게 물줄기가 뿜어졌다. 물이 건축가의 머리며 안경, 옷으로 흘러내렸다. 건축가는 불같이 화를 내며 베란다 문을 쾅 닫고 안으로 들어가 버렸다.

예은이는 건축가에게 미안했지만, 늘 말끔하게 옷을 차려입는 건축가가 쫄딱 젖은 것도, 성을 내며 소리를 지르고 팔다리를 휘두르는 동작도 모두 우스워 배꼽을 잡고 웃었다.

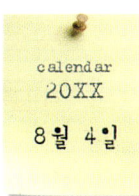

# 피타고라스 –
## 직각삼각형의 비밀을 밝히다

"너희 할아버지는 엄청난 장난꾸러기였어. 끊임없이 새로운 장난을 개발하는 데는 따라갈 사람이 없었지."

조각가가 마당에 앉아 할아버지에 대해 이야기를 해 주었다.

"어릴 때 골목대장이던 너희 할아버지랑 내성적인 나는 겉으로 보기에는 아주 달랐지만 생각하는 건 비슷했어. 우리는 이런저런 장래 희망에 관해 자주 이야기했지. 너희는 앞으로 무얼 하고 싶은지 생각해 본 적이 있니?"

예은이가 얼른 대답했다.

"하고 싶은 게 너무 많아서 딱 정할 수가 없지만 세상을 재미있게 만드는 일을 하고 싶어요. 상상만 해도 신이 나요."

조각가는 이어 원도를 바라보았다. 원도는 약간 수줍은 듯 말했다.

"저는 곤충학자가 되고 싶어요. 다른 아이들은 꿈틀거리는 애벌레를 징그러워 하고 곤충을 보면 비명을 지르거나 죽이려 드는데 저는 곤충이 세상에서 가장 멋진 것 같아요."

"원도는 곤충 노트도 가지고 있어요."

예은이가 끼어들었다.

조각가가 곤충 노트가 무엇이냐고 묻자 원도는 얼굴이 빨개지며 어물거렸다.

"뭘 그렇게 부끄러워하냐? 어서 보여 드려."

예은이는 답답해 하며 원도를 다그쳤다.

조각가가 달래듯 말했다.

"괜찮다면 한번 보여 주지 않을래?"

원도는 마지못해 곤충 노트를 가지러 방으로 갔다. 방문을 열자 건축가가 화들짝 놀라며 책상에서 일어났다. 어제 찾아낸 원통이 책상 위를 굴러 탁 소리를 내며 바닥으로 떨어졌다.

원도는 문손잡이를 잡은 채 건축가를 의아한 눈으로 보았다.

'아저씨가 왜 여기에 있지?'

건축가는 여느 때의 냉정한 얼굴로 돌아와 있었다.

"뭐 좀 볼 게 있어서. 그런데 너희 이걸 어디서 찾았니?"

원도는 대답하기 싫었지만 무례하게 굴지 않으려고 억지로 대답했다.

"저쪽 숲에서요."

"그래? 어떻게 찾았지?"

원도는 가만히 있었다. 건축가의 물음이 단순히 호기심에서 나온 것

같지 않았다. 잘못한 어린아이를 다그치는 듯한 말투도 싫었다.

원도는 허리를 숙여 원통을 집었다. 원통은 여전히 닫혀 있었다. 왠지 모르게 안심이 되었다.

원도는 대답을 기다리는 건축가를 무시하고 곤충 노트와 원통을 챙겨 방에서 나왔다.

마당에서는 예은이와 조각가가 햇볕을 받으며 기다리고 있었다. 원도는 새까맣게 손때가 묻은 곤충 노트를 조각가에게 건넸다. 조각가는 조심스럽게 노트를 넘겼다. 몇 장 넘기던 조각가가 물었다.

"이걸 다 너 혼자 정리했니? 아주 자세한걸."

"도서관에서 빌린 책에서 베낀 것도 많아요. 여기 이 부분은 제가 직접 키우면서 관찰한 걸 적은 거고요."

"그림도 아주 꼼꼼하게 잘 그렸구나."

조각가의 칭찬에 원도는 잘 익은 토마토처럼 얼굴이 새빨개졌다.

조각가는 중간 정도까지 훑어보다가 고개를 들었다.

"너희, 할아버지가 내준 공부 할 시간 아니니? 원도야, 이거 내가 좀 읽어 볼게. 너희가 공부할 동안 말이야."

원도는 부끄러운 듯 고개를 끄덕였다.

집에 들어오자 원도는 예은이에게, 방에 건축가가 들어와서 원통을 만지고 있었다는 이야기를 했다.

"정말?"

"응, 분명히 고리를 돌리고 있었어. 원통을 열려고 했던 것 같아."

예은이는 걱정스러운 얼굴로 생각에 잠겼다. 건축가는 처음에 상자를 열었을 때도 이상할 정도로 관심을 보였다.

"건축가 아저씨도 도장에 관심이 많나 봐. 혹시 우리가 도장을 못 찾으면 이 집이 건축협회로 넘어가는 거랑 관련이 있을까?"

예은이가 잠시 생각을 하다가 다시 말을 이었다.

"원통을 가지고 다니거나 잘 숨겨 놓자. 그리고 이제부터 문제 푸는 걸 우리 둘의 비밀로 하자."

원도는 고개를 끄덕였다. 예은이는 원도와 한팀이라는 것을 비로소 뚜

렷이 느꼈다.

아이들은 서재로 올라가 책을 폈다.

### 셋째 날 • 우주와 수의 관계를 연구한 피타고라스

사랑하는 예은, 원도.

너희는 왜 공부를 한다고 생각하니? 특히 실생활에 별로 쓸모가 없어 보이는 수학 같은 과목들을 말이야. '이런 걸 왜 공부할까?' 하고 궁금해 한 적 있을 거야. 오늘 이야기를 듣고 나면 그런 의문이 좀 풀릴지 모르겠구나.

그리스인한테 모든 학문의 목적은 우주의 본질이나 진리를 탐구하는 거였어. 그리스 학자들은 수학, 철학, 천문학, 지리학 따위를 모두 연구했지. 탈레스도 수학뿐 아니라 천문학, 지리학에도 아주 뛰어났어. 그때는 오늘날처럼 수학자는 수학만 연구하고 철학자는 철학만 연구하지는 않았거든.

하지만 위대하고 지혜롭다고 불리던 그리스 학자들도 때로는 엉뚱한 주장을 하기도 했어. 플라톤이 정다면체가 우주를 나타낸다고 주장한 것처럼 말이야.

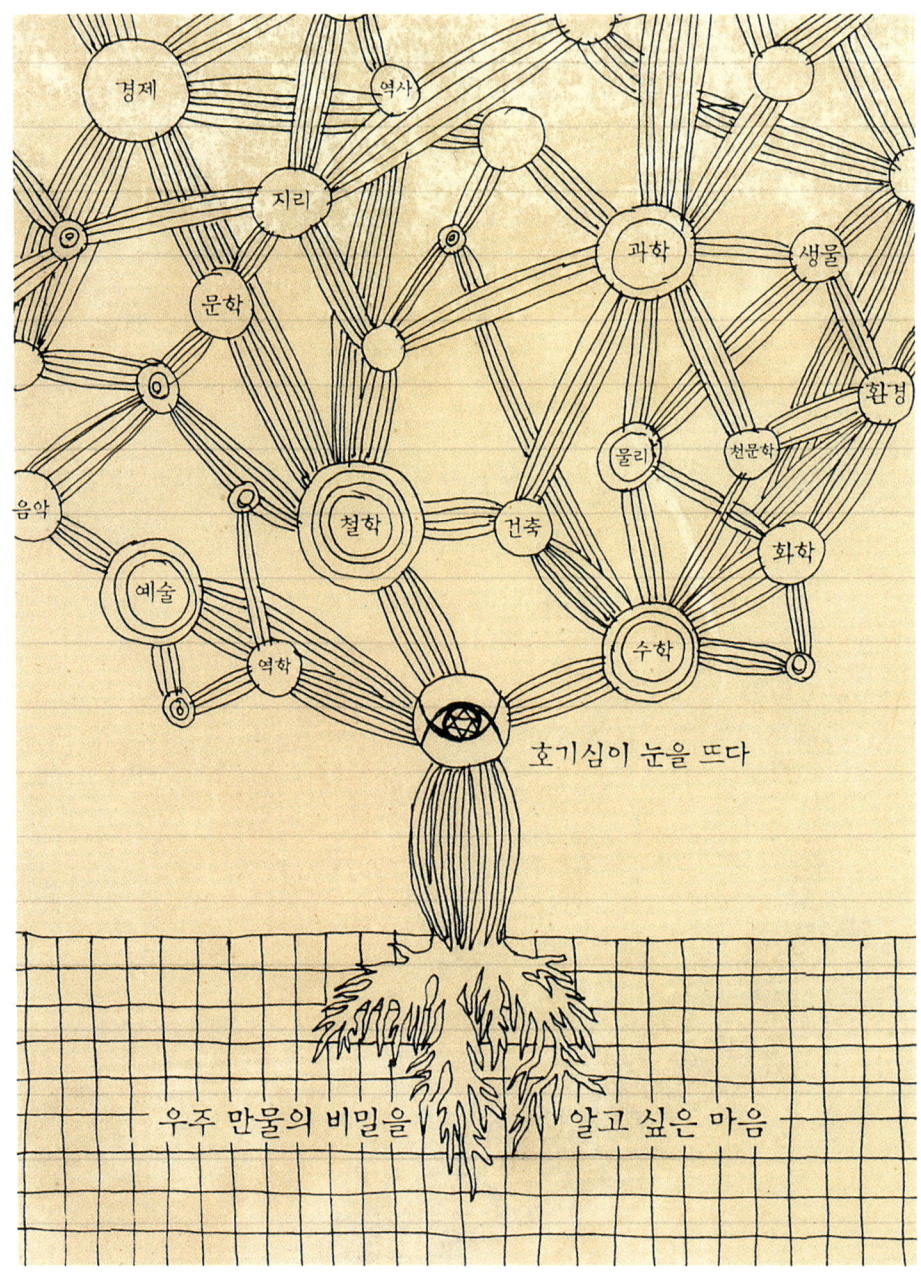

오늘은 수학이랑 과학적 지식에는 뛰어났지만 잘못된 믿음 때문에 업적에 오점을 남긴 피타고라스에 대해 알아보자.

피타고라스는 실험을 통해서 자연의 법칙을 발견하고 그걸 수로 나타냈어. 피타고라스는 종의 크기, 현의 길이나 굵기가 소리의 높낮이와 관련되고 그 사이에 일정한 규칙이 있다는 사실을 발견했지.

이를테면 똑같은 유리잔을 두 개 놓고 하나는 텅 비운 채로, 다른 하나는 물을 반만 채우고 쇠막대기로 쳐 봐.

두 개의 유리잔이 울리며 내는 소리는 한 옥타브, 즉 8도 차이가 나. 비어 있는 유리잔이 8도 높은 소리를 내지.

이번에는 물을 $\frac{1}{4}$ 만 남기고 같은 실험을 해 봐.

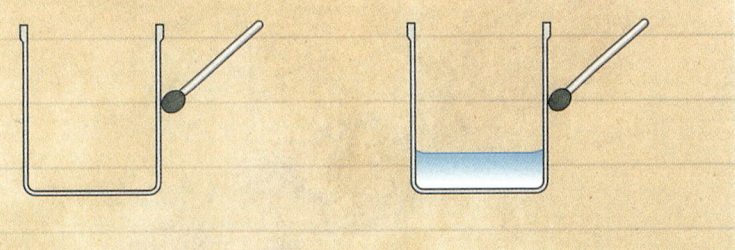

피타고라스 - 직각삼각형의 비밀을 밝히다

두 유리잔에서 나는 소리는 4도 차이가 나.

피타고라스는 이런 간단한 장치를 이용해서 '음악은 수의 비'라는 놀라운 사실을 발견했지. 이 발견 때문에 피타고라스는 우주의 법칙도 음악처럼 수로 이루어져 있다고 믿게 되었고 모든 것에서 수를 찾으려고 했어.

탈레스의 권유로 이집트에 간 피타고라스는 그리스인으로는 최초로 상형문자를 배웠고 종교 의식에 참여하기도 했어. 그래서 이집트인의 신비로운 가르침을 배우고 신전 안의 성스러운 곳까지 들어갈 수 있었지.

피타고라스는 13년 동안 이집트에 머물다가 이집트를 침략한 페르시아군한테 포로로 잡혀서 바빌론으로 갔어. 거기서 바빌론의 수학을 연구하다가 쉰 살이 되어서야 비로소 그리스로 돌아와.

그리스의 많은 사람들은 피타고라스가 이집트 상형문자를 알고 이집트 사제로 있었던 것 때문에 그를 아주 특별한 사람이라고 믿었지. 게다가 피타고라스는 추종자를 얻으려고 자기가 신과 같은 존재라는 소문을 퍼뜨렸어. 그리고 마침내 자신을 따르는 사람들과 함께 '피타고라스학파'를 만들어.

피타고라스학파는 영혼을 깨끗하게 만들기 위해 수, 기하학, 천문학, 음악 들을 공부했는데 특히 수학이 가장 가치 있다고 여겼지. 수학이 우주의 질서와 아름다움을 여는 열쇠라고 믿었거든.

피타고라스학파는 일정한 규칙을 갖는 수들을 발견하기도 했어. 대표적인 예로 삼각수와 사각수를 들 수 있지.

● **삼각수와 사각수**

**삼각수** 정삼각형 모양으로 배열해서 나타낼 수 있는 수

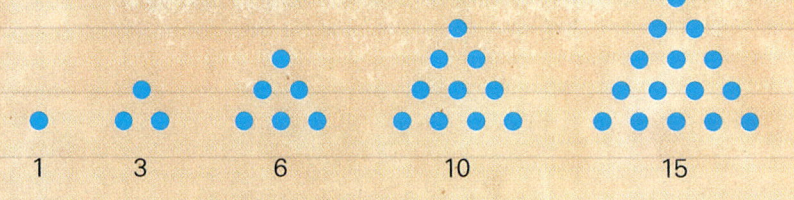

**사각수** 정사각형 모양으로 배열해서 나타낼 수 있는 수

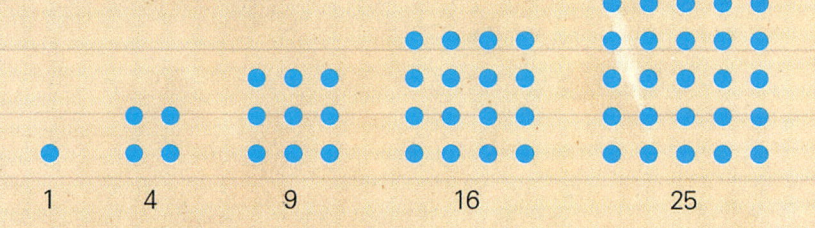

* 삼각수는 연속하는 수를 모두 더한 것과 같다. 예를 들어 두 번째 삼각수 3은 1+2와 같고 세 번째 삼각수 6은 1+2+3과 같다.
* 사각수는 연속하는 홀수를 더한 것과 같다. 예를 들어 두 번째 사각수 4는 처음 두 개의 홀수의 합(1+3)과 같고, 세 번째 사각수 9는 처음 세 개의 홀수의 합(1+3+5)과 같다.
* 사각수와 삼각수도 관계가 있다. 이웃하는 두 삼각수를 합하면 사각수가 된다. 예를 들어 삼각수 1과 3을 더하면 사각수 4가 된다.

피타고라스는 도형으로 나타낼 수 있는 수들은 신비한 힘이 있

다고 믿었고, 도형과 수의 법칙을 발견하는 건 우주의 신비를 밝히는 거라고 여겼지. 직사각형에서 각을 이루는 두 변의 길이를 곱하면 직사각형의 넓이가 된다는 사실을 발견했을 때 신의 계시라고 생각했을 정도였으니까.

또 피타고라스는 직각삼각형을 이루는 변들의 규칙을 연구했고, 직각삼각형의 직각을 낀 두 변의 제곱의 합은 빗변의 제곱과 같다는 걸 증명했어.

● **피타고라스 정리 증명 방법**

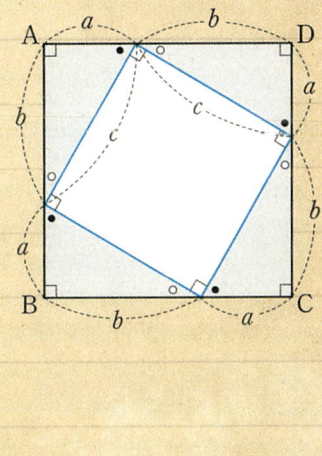

1. $a^2+b^2=c^2$ 임을 증명하기

사각형 ABCD의 넓이
= ☐의 넓이 + △ 4개의 넓이

사각형 ABCD의 한 변의 길이 = $a+b$

사각형의 넓이는 가로×세로이므로

사각형 ABCD의 넓이 = $(a+b)^2$

☐의 넓이 = $c^2$

△의 넓이 = $a \times b \times \dfrac{1}{2}$

따라서 다음과 같은 식이 나온다.

$(a+b)^2 = c^2 + 4(a \times b \times \dfrac{1}{2})$

따라서 $a^2+b^2=c^2$

2. 사각형 A와 사각형 B를 그림과 같이 쪼개어 사각형 C에 넣으면 딱 들어맞는다.
사각형 A의 넓이는 $a^2$,
사각형 B의 넓이는 $b^2$,
사각형 C의 넓이는 $c^2$,
따라서 $a^2+b^2=c^2$

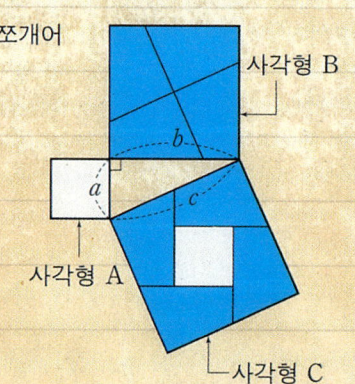

* 중국에서도 삼각형의 변의 길이가 3,4,5일 때 직각삼각형이 된다는 것을 알고 있었고, 이것을 '구고현'이라는 그림으로 증명했다. 하지만 3,4,5 이외의 직각삼각형을 찾아보거나 이것을 일반적인 직각삼각형의 특징으로 연결짓지는 않았다.

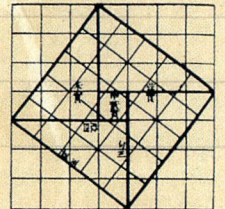

아주 옛날부터 직각삼각형의 세 변의 관계는 알려져 있었지만 피타고라스가 최초로 이것을 증명했기 때문에 오늘날 '피타고라스 정리'라고 부르게 되었지.

피타고라스는 도형과 수에 대한 연구를 계속했고 점점 더 새로운 사실들을 알아 갔어. 그러던 어느 날 자신이 알고 있는 수로는 나타낼 수 없는 것을 발견해. 바로 한 변의 길이가 1인 정사각형의 대각선 길이야.

● 한 변의 길이가 1인 정사각형의 대각선 길이

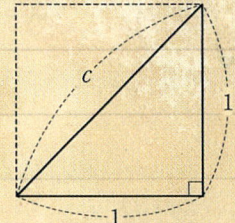

피타고라스 정리를 이용하여 구한다.

$c^2 = 1^2 + 1^2$

$c^2 = 2$

$c = 1.414213\cdots\cdots$

당시 그리스인들은 유리수만을 알고 있었거든. 유리수는 정수와 분수로 나타낼 수 있는 수를 말하지.

바빌로니아인들은 소수점 여섯째 자리까지 계산했지만 피타고라스는 그 계산에 만족하지 못하고 정확한 값을 원했어. 하지만 아무리 계산을 해도 소수점은 끝나지 않았지. 요즘은 이렇게 소수점 아래 규칙이 없는 숫자들이 끝도 없이 나오는 수를 '무리수'라고 부르지만 그때는 그렇지 않았어.

피타고라스는 무리수를 '알로곤'이라고 했는데 이건 '말할 수 없음'이란 뜻이야. 피타고라스는 세상의 모든 것을 수로 나타낼 수 있다고 믿었어. 그래서 한낱 정사각형 대각선의 길이를 수로 나타낼 수 없다는 사실이 사람들에게 알려지는 걸 두려워했지. 그래서 자기 추종자들한테 이 사실을 아무한테도 말하지 않겠다는 맹세를 하게 했어. 하지만 히파소스라는 사람이 이 무리수의 비밀을 말했고, 피타고라스와 추종자들은 히파소스를 바다에 빠뜨려 죽여 버렸지.

예은이는 오싹해지면서 자기도 모르게 침을 꿀꺽 삼켰다.
"그건 살인이잖아?"
원도가 다음 장에 끼여 있는 할아버지의 편지를 펼쳤다.

오늘 공부는 여기까지다.
피타고라스처럼 뛰어난 학자가 한낱 무리수 때문에 사람을 죽였다는 사실을 믿을 수 없겠지?
피타고라스와 그를 따르는 사람들한테 무리수는 단지 수에 불과한 것이 아니라 그들이 믿는 신성한 우주를 무너뜨리는 거였어. 그렇기 때문에 위험한 비밀을 누설한 히파소스는 마땅히 벌을 받아야 된다고 생각했지.
아무리 뛰어난 사람도 자만하거나 한 가지 생각에 지나치게 얽매이면 올바른 판단을 못 하게 돼.

지금도 이런 일들이 버젓이 일어나고 있어. 전쟁이 왜 일어나는지 생각해 보았니? 왜 사람들이 서로 미워하고 다치게 하고 또 왜 그런 일을 당연하게 여기는지 생각해 본 적 있니? 자신이 믿는 것과 다른 것을 받아들이지 못하기 때문이야. 맹목적인 믿음은 어리석을 뿐 아니라 아주 위험한 거야.

아이들은 책을 꽂아 두고 서재에서 나왔다. 그때 서재 옆방에서 건축가가 통화하는 소리가 새어 나왔다.

"네, 네. 그래서 제가 여기에 있지 않습니까? 생각보다 영리하기는 하지만 결국 아이들입니다. 그런 철부지 아이들이 문제를 다 풀 리가 있겠어요?"

예은이는 전화 소리를 더 잘 들으려고 문에 바짝 기댔다. 그 순간 바닥이 삐걱거렸다. 안에서 들리던 말소리가 뚝 멈췄다. 아이들은 들키지 않으려고 도둑고양이처럼 재빨리 아래층으로 내려갔다.

예은이는 가슴이 마구 뛰었다. 시간이 지나 마음이 조금 진정되자 화가 났다.

'건축가는 우리가 어리다는 이유만으로 바보 취급을 하고 있네.'

예은이는 주먹을 꼭 쥐며 말했다.

"두고 봐. 도장을 꼭 찾아낼 테니."

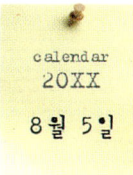

# 유클리드 –
## 눈에 보이지 않아도 알 수 있는 것

예은이는 수수께끼를 풀려고 원통을 붙들고 오전 내내 낑낑거렸다.

한편 원도는 풀숲을 뒤적이거나 나무껍질을 살피며 곤충 채집에 열중했다. 예은이가 수수께끼와 씨름하며 머리를 짜내는 순간에도 원도는 방금 잡은 투구벌레를 뒤집어 놓고는 곤충 노트에다 그려 넣느라 여념이 없었다. 기분이 좋은 듯 콧노래를 부르는 원도를 보자 예은이는 자기만 애를 쓰는 것 같아 화가 났다.

"시간이 얼마 안 남았어. 서두르지 않으면 기간 안에 도장을 못 찾을지도 몰라."

"서두른다고 해결되는 건 아니야. 도장 찾는 일만 할 수는 없잖아."

예은이는 기가 막혔다.

"너는 도장 찾는 일에는 관심도 없겠지. 더러운 벌레 따위나 좋아하니까."

예은이는 손을 내밀어 버둥거리는 투구벌레를 집어 들었다. 그러고는

창밖으로 힘껏 던져 버렸다. 평소에는 졸린 듯 반쯤 감겨 있던 원도의 눈이 크게 떠졌다.

원도가 얼른 난간으로 나가 투구벌레가 날아간 쪽으로 몸을 쭉 내밀었지만 투구벌레는 보이지 않았다.

"그걸 잡느라 얼마나 고생했는데…… 그렇게 큰 녀석은 드물단 말이야."

예은이는 속에서 불이 나는 것 같았다.

"네가 벌레나 그리고 있을 때 나는 문제를 푸느라 머리가 터질 것 같아. 나는 도장 때문에 멕시코 여행도 포기했어. 그러니까 꼭 찾아야 된다고."

"너만 문제를 푼다고 생각해? 나도 나름대로 생각하고 있어."

"필요 없어. 너같이 답답한 애랑 문제를 푸는 것 자체가 너무 싫어. 싫어, 싫단 말야."

예은이는 화가 머리끝까지 나서 손으로 귀를 막고 고래고래 소리를 질렀다. 원도는 어이가 없다는 듯 예은이를 보다가 고개를 흔들며 방에서 나갔다.

씩씩 숨을 몰아쉬던 예은이 눈에 곤충 노트가 들어왔다. 투구벌레가 머리와 가슴 부분까지만 그려져 있고 배 부분은 그리다 만 채였다.

'내가 너무 심했나? 그래도 원도가 나보다 열심히 도장을 찾지 않은 건 사실이야. 맨 처음 상자도 나 혼자 열었는걸.'

예은이는 이어 생각했다.

'하지만 5원소 정원은 원도가 찾아냈어.'

아직 화가 완전히 풀리지는 않았지만 미안한 마음도 조금 들었다. 밖을 내다보니 원도가 마당을 헤집고 있었다. 투구벌레를 찾고 있을 것이다.

예은이는 잠시 망설이다 밖으로 나가서 말없이 원도 옆에 쭈그려 앉았다. 원도가 이상한 듯 바라봤지만 예은이는 모른 척하고 풀숲을 뒤지기 시작했다.

시간이 얼마나 흘렀을까. 어깨와 허리가 뻐근해 왔다. 일어나서 허리를 돌리는데 마침 나무 둥치에 시커멓고 커다란 벌레가 붙어 있는 것이 보였다. 예은이는 숨을 죽이고 손을 내밀어 벌레를 잡았다. 커다란 뿔을

단 투구벌레가 끼익끼익거리며 발버둥을 쳤다.

"이것 봐. 아까 거랑 똑같아."

원도가 잽싸게 다가와서 투구벌레를 건네받아 천천히 뜯어보았다.

"아까 잡은 것보다 훨씬 더 훌륭한 녀석이야. 크기는 비슷하지만 빛깔이 더 또렷하고 뿔이 곧아. 이렇게 완벽한 건 찾기 힘들어."

원도는 보석이라도 다루듯 세심하게 투구벌레를 다루며 감탄했다. 아까 일은 벌써 잊은 눈치였다.

예은이는 내뱉듯 말했다.

"야, 좀 전에는 내가 잘못했어. 심하게 말한 것도 미안하고 투구벌레 집어 던진 것도 미안해."

원도가 머쓱한 웃음을 띠고 어깨를 으쓱거렸다. 이제 그런 건 상관없다는 표정이었다.

예은이도 피식 웃었다.

"어서 그거 곤충 노트에 그려 넣고 서재로 가자."

예은이는 원도가 투구벌레를 능숙한 솜씨로 그려 넣고 원래 있던 장소에 놓아줄 때까지 기다렸다. 그리고 같이 서재로 갔다.

### 넷째 날 • 최초의 수학 교과서를 만든 유클리드

사랑하는 예은, 원도.

오늘은 최초의 수학 교과서를 만든 유클리드에 대해 알아보자.

유클리드는 2400년 전 그리스인들이 만든 알렉산드리아라는 도시에서 살았는데 당시 그리스의 수학 지식을 모으고 잘 정리해서

『기하학 원론』이라는 책을 만들었어. 이 책이 오늘날 기하학 교과서의 기초가 되었지.

2천 년도 넘는 긴 세월이 지나도『기하학 원론』이 중요한 책으로 여겨지는 까닭은 '무엇이든 분명히 하기'의 생각이 잘 드러나 있기 때문이야. '무엇이든 분명히 하기'는 수학에서 가장 중요하다고 할 수 있어.

『기하학 원론』에서 유클리드는 수학에서 쓰는 용어나 일반적으로 당연히 여기는 것들을 조목조목 적어 의미를 확실히 해 두었어. 이건 수학에서 이렇게 하자고 한 약속을 못 박아 두는 것이지. 몇 가지만 살펴볼까?

* 선은 넓이가 없는 길이이다.
* 점들이 곧고 고르게 놓여 있는 선이 직선이다.
* 한 점에서 다른 한 점에 직선을 그릴 수 있다.
* 모든 직각은 서로 같다.
* 겹쳐 놓을 수 있는 것은 서로 같다.

예은이는 정말 이상하다고 생각했다.

"전부 당연한 것들이잖아. 유치원생도 알 만한 걸 왜 일일이 적어 놓았을까?"

예은이의 의문에 답이라도 하듯 할아버지는 다음 장에서 말했다.

너희는 유클리드가 귀찮게 왜 이런 걸 적었을까 궁금하겠지? 모두가 인정하는 것을 다시 한번 확실히 해 두는 것은 아주 중요해. 이게 확실히 정해지지 않으면 증명을 하는 의미가 없고 학문의 기본이 흔들리게 되거든.

'모든 직각은 서로 같다.'라는 원칙이 적용되지 않는 별에서 온 외계인한테는 피타고라스가 증명한 직각삼각형의 법칙을 설명할 수 없어. 그 외계인들은 우리가 이해할 수 없는 다른 원칙을 가지고 있겠지.

문제가 복잡할수록 기본이 되는 원칙을 확실하게 정해야 돼. 잘 살펴보면 탈레스나 피타고라스가 한 증명들은 물론 다른 수학자들이 한 증명들도 모두 유클리드의 『기하학 원론』에 실린 내용에 전혀 어긋나지 않아.

하지만 한동안 받아들여진 약속이나 원칙이 참이 아닐 수도 있어. 이럴 경우에는 새로운 원칙이나 약속이 등장하게 되지. 뒤에 『기하학 원론』의 어떤 내용에 의심을 품는 사람들이 나오고 이들에 의해 새로운 기하학이 만들어지는데 이건 나중에 이야기하자.

『기하학 원론』의 바탕 생각을 알았으면 이제 유클리드가 어떻게 기하학을 연구했는지 살펴볼까?

유클리드의 『기하학 원론』 제1권은 '점'을 설명하는 것으로 시작한단다.

너희는 점이 무엇이라고 생각하니? 일반적으로 점은 종이 위에 찍힌 연필 자국 같은 거라고 여겨지지. 하지만 아무리 작은 연필 자국도 더 작게 쪼갤 수 있어. 쪼개진 점을 다시 쪼개면 더 작은 점을 만들 수 있지. 이렇게 자꾸 점을 쪼개면 얼마만큼 작아질 수 있을까?

아이들은 머릿속으로 아주 작은 점을 상상하고 그 점을 계속 작게 만들다가 깜짝 놀랐다. 더 쪼갤 수 없을 정도로 작은 점은 바로 아무것도 없는 점이기 때문이다. 분명히 있기는 있는데 너무 작아서 없는 것과 마찬가지인 점.

유클리드는 점을 '크기는 없고 위치만 있는 것'이라고 했어. 이런 결론을 내리기 위해 유클리드는 '분석'이란 방법을 이용했지.

선분으로 된 도형은 아무리 복잡하게 생겼어도 가장 기본적인 다각형인 삼각형으로 나뉘지.

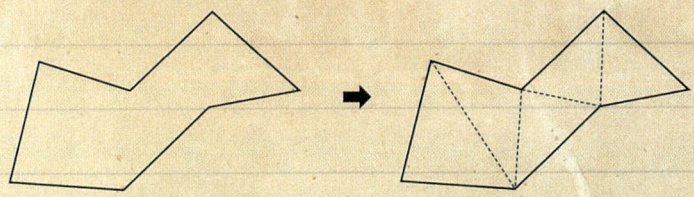

그럼 이 삼각형들을 더 작은 요소로 분석하면 어떻게 될까?

"당연히 선 세 개로 나뉘지. 그 밖에는 다른 방법이 없는걸."
예은이가 중얼거리며 책장을 넘겼다.

유클리드는 삼각형을 다시 선분, 각, 점으로 분석했지.
각이나 점과 같이 눈에 보이지 않는 것들도 구성 요소로 인정한 거야. 유클리드는 눈에 보이지 않더라도 이성으로 알 수 있다면 실제로 있는 것으로 인정했어.

| 삼각형 → 선분 | 각 | 점 |

> 너희에게도 보이지 않는 것들을 분석해 낼 수 있는 능력이 있단다. 그걸 활용하면 훨씬 더 많은 것을 알고 느낄 수 있지. 자, 유클리드에 대한 것은 여기까지다. 그럼 내일 또 보자.

원도는 책을 덮자마자 방으로 와 아까 그린 투구벌레를 들여다보았다. 예은이가 물었다.

"너는 어떻게 곤충에 흥미를 갖게 되었냐?"

원도는 머리를 긁적이며 대답했다.

"1학년 때 엄마가 병원에 입원해서 할아버지랑 두 주 동안 지낸 적이 있어. 난 그때까지 벌레라면 끔찍이 싫어했거든. 그런데 할아버지가 곤충에 관한 책을 사 주시면서 날마다 같이 읽자고 하셨어. 그러다 곤충의 입이나 눈이 왜 그렇게 생겼는지, 곤충들은 뭘 먹으며 어떤 식으로 적을 공격하는지 알게 됐는데 알면 알수록 곤충이 무섭지 않고 신기한 거야."

예은이는 원도에게 곤충에 대해 설명하는 할아버지의 모습이 눈에 보이는 듯했다. 할아버지는 재미없고 어렵기만 한 것들을 순식간에 흥미진진하게 바꿔 버리는 재주가 있었다. 그래서 할아버지와 함께 있으면 평범한 일상도 모험처럼 느껴졌다.

도장 찾기는 할아버지가 마지막으로 준비해 둔 탐험이다. 숨겨진 고대의 보물을 찾는 것과 다를 바 없다. 여기까지 생각한 예은이는 원도의 등을 손바닥으로 탁 쳤다.

"우리는 할아버지의 보물을 찾는 탐험가야. 무엇도 우리가 보물을 찾는 걸 막을 수 없어."

예은이 마음속에 남아 있던 멕시코 여행에 대한 미련은 깨끗이 사라져 버렸다.

# 보이지 않는 아름다움의 비밀

"오늘은 모두 등산을 간다. 이런 곳에 와서 집에만 틀어박혀 있는 건 말도 안 돼."

"저는 안 갈래요. 날씨도 너무 덥고 문제도 풀어야 한단 말이에요."

조각가의 제안에 예은이가 아직 열지도 못한 원통을 생각하며 투덜거렸다.

"안 돼. 모두 함께 가는 기야. 건축가 아저씨도 같이 갈 거다. 발목까지 올라오는 두꺼운 양말을 신어라. 숲에는 벌레가 많을 테니."

예은이는 원도의 눈이 반짝하는 것을 보았다.

'저 녀석, 산에 가서 곤충 채집할 생각에 신났군.'

건축가가 맨 앞, 그다음에 예은이와 원도, 그리고 조각가가 맨 뒤에 서서 산을 올랐다. 예은이는 몇 걸음 올라가지도 않았는데 금세 숨이 차고 다리가 무거웠다. 허리를 구부리고 억지로 올라가는데 건축가가 옆으로 바싹 붙더니 말을 걸었다.

"도장 찾는 일은 어떻게 돼 가니?"

예은이는 건성으로 대답했다.

"그냥 그래요."

"원통은 열었니?"

건축가가 무언가 알아내려는 표정으로 물었다. 예은이는 얼마 전 들은 전화 통화와 건축가가 방에서 원통을 만지작거렸다는 원도의 말을 떠올렸다. 아직 열지 못했다고 말하려는데 갑자기 짓궂은 마음이 들었다.

"네, 열었어요. 별것 아니던데요."

건축가 얼굴에 당황해 하는 기색이 역력했다.

"벌써? 그래, 다음 문제는 어떤 거니?"

예은이는 싱글싱글 웃으며 놀리듯 말했다.

"그건 비밀이에요."

건축가의 얼굴이 붉어졌다. 그러고는 한 번도 뒤돌아보거나 쉬지 않고 빠른 걸음으로 산을 올랐다. 예은이는 건축가에게 지기 싫어서 숨이 턱에 닿도록 쫓아갔지만 건축가는 금세 보이지 않았다. 예은이는 너무 힘들어 더는 못 올라갈 것 같았다. 저 아래에서 조각가와 원도가 천천히 올라오고 있었다.

조각가가 예은이를 보고 이리 오라는 손짓을 했다.

"예은아, 여기에 아주 예쁜 꽃이 있어. 와서 한번 봐 봐."

예은이는 조각가와 원도가 있는 곳까지 내려갔다. 멈춰 서서 보지 않으면 보이지도 않을 만큼 작고 푸르스름한 꽃이 나란히 피어 있었다. 새끼손톱보다도 작은 다섯 장의 꽃잎은 바깥에서 안쪽으로 갈수록 옅은 푸른색에서 흰색 그리고 노란색으로 바뀌었다. 가운데의 노란 수술에는 꽃가루가 별 모양으로 뭉쳐 있었다. 예은이는 한 번도 이렇게 작은 꽃을 들여다본 적이 없었다.

"와, 이렇게 작은데도 꽃잎이랑 수술이랑 꽃가루까지 있네. 신기하다."

올라가는 동안 조각가가 풀이며 나무들의 이름을 가르쳐 주었다.

"발밑에 있는 이게 바로 너희가 아침에 먹은 고사리야. 어린 건 먹지만 이만큼 커지면 먹을 수가 없지."

아이들은 중간 중간 멈추어서 야생화를 관찰하고 약으로 쓰인다는 나무나 풀에 관한 설명을 들었다.

두 시간쯤 올라가자 평평한 풀밭이 나왔다. 건축가가 한 발을 바위 위에 얹고 서 있다가 뒤늦게 올라오는 아이들에게 보란 듯이 말했다.

"역시 산은 정복하는 맛이야. 높고 험할수록 정복하는 쾌감은 더욱 커지지."

예은이는 '정복'이라는 말에 반감이 들었다.

"산은 그냥 있는데 우리가 마음대로 기어 올라온 거잖아요. 그게 어떻게 산을 정복한 게 되지요?"

건축가는 예은이의 말을 못 들은 척 고개를 돌리더니 "저는 바빠서 먼

보이지 않는 아름다움의 비밀

저 내려가겠습니다." 하고는 후다닥 산을 내려가 버렸다.

조각가는 잠시 건축가가 사라진 쪽을 바라보다 이내 아이들 쪽으로 고개를 돌렸다.

"자, 꼭대기까지 올라왔으니 떠가는 구름이나 바라볼까?"

세 사람은 풀밭에 드러누워 손바닥으로 눈에 그늘을 만들고 하늘을 보았다.

산 위에서 즐거운 시간을 보내고 집에 돌아온 아이들은 샤워를 하고 방으로 들어갔다.

원도가 고개를 갸우뚱했다.

"예은아, 누가 들어왔던 것 같지 않아?"

예은이가 침대에 벌렁 누우며 대꾸했다.

"잘 모르겠는데? 아이고, 누우니까 좀 살 것 같다."

원도는 눈썹을 살짝 찌푸렸다.

"나는 늘 곤충 노트 앞 장이 위로 오게 놓는데 지금은 뒤집혀 있어. 그리고 가방도 열려 있어. 분명히 나가기 전에 닫았는데 말이야. 혹시……"

원도의 뒷말은 들을 필요도 없었다. 예은이는 벌떡 일어나 베개를 들추었다. 원통은 그대로 있었다.

'건축가가 여기에 원통이 있는 걸 보았을까? 만일 보았다면 아직 열지 못한 걸 보고 고소해 했을 거야. 아, 분하다.'

예은이는 원통을 꺼내서 옆에 적힌 글귀를 읽고 또 읽었다. 그러다 원도에게 물었다.

"18개 아름다움이라니? 너는 이 말뜻을 조금이라도 알겠냐?"

"글쎄……"

예은이는 답답했다.

"이렇게 뜬구름 잡는 식으로는 문제를 풀 수 없어. 원도야, 서재로 가서 책들을 닥치는 대로 읽어 보자. 침대에서 백날 누워 생각해 보았자 뾰족한 수가 생기지는 않아."

예은이가 벌떡 일어나 나가자 원도가 '끙' 하며 뻐근한 몸을 끌고 예은이를 따라 서재로 갔다. 예은이는 원도에게 기하학과 관련 있는 책들을 뒤져 보라고 했다.

책 제목을 훑어보던 원도가 말했다.

"이 책장은 칸들마다 책 종류가 달라. 저쪽은 소설이고 이쪽은 건축에 관한 책이야. 이 칸에 수학에 관한 책들이 몰려 있어. 봐 봐, 이 책에는 할아버지가 만든 책에 나오는 내용도 있다."

"정말 그러네. 여기 있는 책들로 그 책을 만드셨나 봐. 너는 이 칸 오른쪽에서부터 책들을 읽어 나가. 나는 왼쪽부터 읽어 나갈게."

너무 어려워 무슨 말인지 전혀 모르겠는 책도 있었지만 할아버지가 설명해 준 도형이나 수학자에 관한 것도 있었다.

그렇게 책을 살핀 지 40분쯤 지나자 조각가가 점심을 먹으라고 불렀다. 점심은 고소한 콩국수였는데 원통 생각으로 꽉 찬 예은이는 자기가 무엇을 먹는지도 모를 지경이었다.

점심을 다 먹은 예은이가 계단을 올라가며 중얼거렸다.

"한 걸음 한 걸음 올라가는 18개 아름다움의 비밀. 대체 무얼까? 한 걸음 한 걸음 올라간다. 한 걸음 한 걸음 올라간다. 올라간다!"

예은이가 한 발을 든 채 갑자기 서 버리는 바람에 뒤에 오던 원도와 부닥뜨렸다.

"뭐야? 어서 올라가."

예은이가 계단을 다시 내려가며 숫자를 세기 시작했다.

"하나, 둘, 셋, 넷…… 열여덟."

예은이가 새된 목소리로 말했다.

"원도야, 계단에 그려진 그림은 모두 열여덟 개야. 원통에 적힌 '18개 아름다움'은 바로 이거야."

원도는 의아해 하며 물었다.

"이게 18개의 아름다움이라고? 별로 아름다워 보이지 않는걸."

예은이는 계단을 몇 번이나 오르락내리락하며 원도를 채근했다.

"뭘 그렇게 멍하니 생각하냐? 빨리 이 그림들의 비밀을 찾아봐."

그러나 원도는 맨 위 계단에 걸터앉았다.

"잠깐만. 좀 침착하게 생각해 보자. 만일 이 그림이 18개 아름다움이라면 왜 아름다운지 이유를 찾아내야 하지 않을까? 저기 사각형들이 모인 그림이나 피라미드 그림, 특히 숫자들이 쭉 나열되어 있는 건 아무리 봐도 아름답지 않아. 왜 이것들이 아름다운 걸까?"

예은이는 주춤했다.

"그러고 보니 그러네."

원도는 말을 이었다.

"나는 왠지 원통을 '황금'이라고 한 것이 신경이 쓰여. 사람들은 황금을 아름답다고 여기잖아. '황금'이란 말과 그림들이 무슨 연관이 있을 것 같아."

예은이는 난간에 기대어 한숨을 내쉬었다.

"네 말이 맞는 것 같아. 하지만 무슨 연관이 있는 거지? 아무리 생각해도 모르겠어."

"그건 나도 마찬가지야. 그런데 말이야."

원도는 몸을 수그리며 오각형 안에 별이 있는 그림을 가리켰다.

"나 이 그림을 아까 넘기던 책에서 얼핏 본 것 같아. 무슨 내용이었는지는 생각 안 나지만."

"정말이야? 무슨 책인데? 당장 찾아보자."

둘은 한달음에 서재로 갔다. 원도가 기억을 더듬어 별 그림을 보았던 책을 찾아 펼쳤다. 원도 말대로 별 그림이 있었다. 예은이가 옆에 있는 글을 소리 내어 읽었다.

"황금비란?

황금비는 아주 먼 옛날 기원전 4700년경에 이집트인들이 피라미드를 만들 때부터 쓰였다.

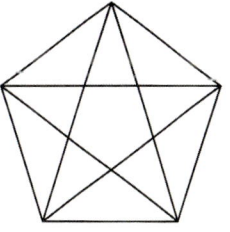

피타고라스는 정오각형 안의 한 대각선이 다른 대각선에 의해 나뉠 때 생기는 두 부분의 길이의 비가 황금비라는 것을 발견하고 정오각형으로 만들어진 별을 피타고라스학파의 상징으로 삼았다."

원도가 이마를 탁 쳤다.

"드디어 '5원소 정원에서 황금을 찾아라.'라는 말의 뜻을 알겠어. 황금은 금이 아니라 황금비야."

예은이가 말했다.

"황금비에 관해 좀 더 자세히 알아보자."

"어떻게? 또 책을 뒤질 거야?"

"아니, 훨씬 간단한 방법이 있어."

예은이는 눈짓으로 책상 옆에 놓인 컴퓨터를 가리켰다.

원도가 깜짝 놀랐다.

"그래도 돼? 반칙 아니야?"

"책을 찾아보는 거랑 다를 거 없어. 모르는 걸 배우는 건 똑같잖아. 바라는 답을 늘 얻을 수는 없지만 도움이 될 때가 많아."

예은이가 인터넷 창에 '황금비'라고 치자 제법 많은 검색 결과가 나왔다. 예은이는 그중 가장 그럴싸해 보이는 것을 클릭했다.

"황금비는 사람들이 가장 안정감 있고 균형이 잘 잡혔다고 느끼는 비례이다. 이런 미의 감각은 예로부터 건축물, 회화, 조각 등 예술품에 잘 나타나 있으며 피라미드에서도 발견할 수 있다.

황금비는 자연에서 흔히 보이는데 계란의 가로세로비, 소라 껍데기의 각 줄 간의 비율, 앵무조개, 꽃잎 등은 물론이고 태풍, 은하수의 형태에서도 볼 수 있다. 인간의 몸에서도 황금비를 찾을 수 있다."

예은이는 바로 황금비가 원통을 여는 열쇠라는 확신이 들었다.

"원통은 황금비에 관한 것을 맞추면 열리는 거야."

들뜬 예은이와는 달리 원도의 반응은 미적지근했다.

"하지만 아직 황금비랑 고리에 있는 기호들이랑 어떤 관계가 있는지는 몰라."

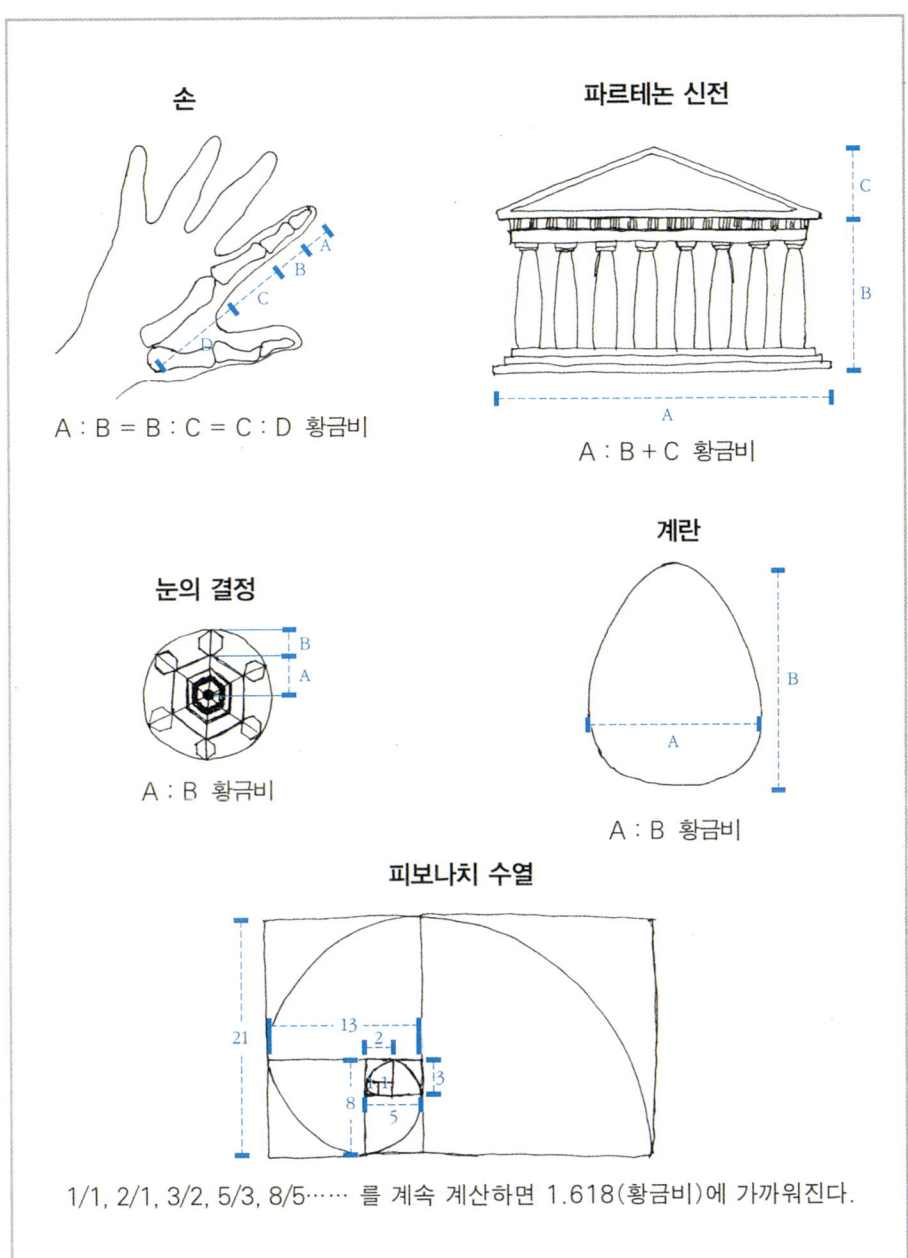

보이지 않는 아름다움의 비밀 109

예은이는 다시 모니터로 돌아앉아 인터넷에서 황금비에 관한 정보들을 찾아 읽어 내려갔다. 한참을 뒤졌지만 딱 이것이라고 할 만한 설명은 좀처럼 나오지 않았다.

예은이는 다시 인터넷 검색 창에 키워드를 입력했다.

"황금비를 어떻게 나타내나요. 황금비 기호."

다시 화면이 바뀌며 새로운 내용들이 떴다. 예은이는 내용 하나하나를 확인해 보았다.

"이것도 아니고, 음, 이것도 아니야."

계속 새로운 항목들을 클릭하며 읽어 내려가던 예은이는 심장이 딱 멎는 것 같았다.

"황금비는 'ø'로 나타낸다. 또 황금비는 자신으로부터 1을 뺀 수가 역수(곱해서 1을 만드는 수. 예를 들어 3의 역수는 $\frac{1}{3}$이다.)와 같은 성질을 지닌다."

"어, 찾았다, 황금비 기호. 'ø' 모양이 혹시 고리에 있나 보자."

원도는 얼른 원통의 고리를 돌려 가며 살펴보았다.

"여기 있다. 그런데 고리는 일곱 개야. 일곱 개의 기호를 알아야 한다는 뜻인데······

'황금비는 자신으로부터 1을 뺀 수가 역수와 같은 성질을 지닌다.' 이걸 식으로 정리해 보면······"

황금비에서 1을 뺀 수 → 황금비-1

황금비의 역수 → $\frac{1}{황금비}$ = 1÷황금비

두 개가 같다고 했으니까

황금비-1=1÷황금비

황금비를 ∅로 나타낸다고 했으니까

∅-1=1÷∅

원통의 고리는 일곱 개야.
∅-1=1÷∅ 를 하나씩 떼어 내면
∅, -, 1, =, 1, ÷, ∅ 기호 일곱 개가 돼.

얼른 맞춰 보자.

찾았다!

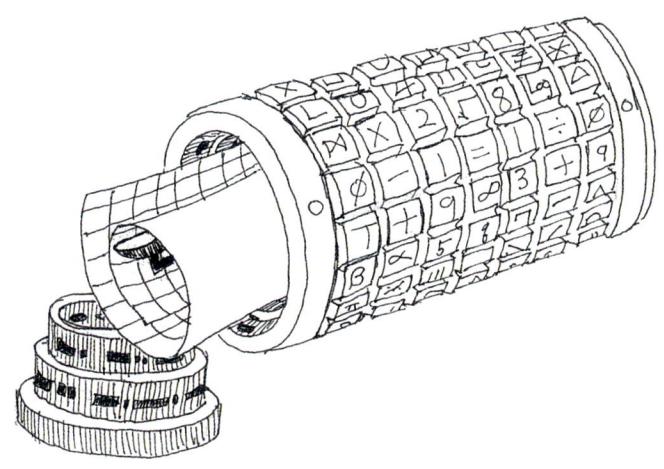

아이들은 심장이 터져 나갈 것만 같았다. 원통이 열린 것이다.

"여기에 도장이 있을지 몰라."

예은이가 얼른 통 안에 든 것을 꺼냈다. 그러자 둘둘 말린 종이가 나왔

다. 종이를 펼쳐 보니 작은 양팔 저울과 금속 추 12개가 나왔다.

"이런, 도장이 아니잖아. 여기에 또 뭐라고 써 있는데."

숨겨진 보물을 찾아 떠나는 당신은 '의문'과 '논증'을 지나야 한다.

의문: 양쪽이 똑같은 수로 균형을 이루던 저울이 작은 움직임 때문에 한쪽으로 기울게 된다. 왼쪽 수를 2배로 한 다음 하나를 더한 것은 오른쪽 수의 3배와 같다.

논증: 추 몇 개를 반대쪽으로 옮기자 더 심하게 기운다. 기울어진 저울을 바로잡기 위해 받침대의 위치를 옮긴다. 받침대가 왼쪽에서부터 1:3의 위치에 오자 저울은 다시 평형을 이룬다.

* 양쪽 저울에 올라 있는 추의 합은 항상 12개이다.

"도대체 문제가 몇 개나 있는 거야?"

예은이가 목을 쥐어짜는 듯한 소리를 냈다.

보이지 않는 아름다움의 비밀 113

# 아르키메데스 -
## '유레카, 유레카' 알았다, 알았어

"끼익, 끼익, 쿵."

예은이는 집이 흔들리는 듯한 소리에 잠에서 깼다. 밖은 아직도 어슴푸레했다.

'4시 50분, 이 새벽에 뭐지?'

예은이는 바짝 긴장하여 귀를 곤두세웠다.

"끼익, 삐걱삐걱."

소리는 아까보다 더 또렷하고 가까이에서 들리는 것 같았다. 예은이는 침대에서 뛰어나와 원도를 흔들었다. 원도는 '끄응' 하는 소리를 내며 이불을 끌어올렸다. 다급해진 예은이는 이불을 젖히고 원도 귀에다 대고 소리를 질렀다.

"어서 일어나라니까, 이상한 소리가 들려."

원도는 찡그리며 돌아누웠다.

"삐걱, 삐걱, 쿵."

이상한 소리가 또 한 번 났다. 그러자 원도도 벌떡 일어났다. 둘은 구르듯 계단을 내려와 밖으로 뛰어나갔다. 소리는 집 뒤쪽에서 나는 것 같았다. 예은이와 원도는 정신없이 소리가 나는 쪽으로 달려갔다.

"어?"

소리는 집 뒤쪽 잠겨 있던 곳에서 나는 것이 분명했다. 검은 커튼 사이로 노란 불빛이 새어 나왔다.

아르키메데스 - '유레카, 유레카' 알았다, 알았어

예은이가 문을 밀어 보았지만 굳게 잠긴 문은 열리지 않았다. 예은이와 원도가 문을 두드리고 소리를 질러도 아무 대답이 없었다. 원도가 문을 흔들다가 말했다.

"일부러 문을 안 열어 주는 걸지도 몰라. 저기에 앉아서 사람이 나올 때까지 기다리자."

원도는 흙 계단으로 가 앉았다. 난간에 머리를 기대자마자 곧 곯아떨어져 가볍게 코를 골았다. 예은이는 원도 옆에 앉아 무릎에 팔꿈치를 받치고 턱을 괸 채 문이 열리기를 기다렸다.

시간이 얼마나 지났을까. 예은이는 고개가 미끄러져 중심을 잃는 바람에 잠에서 깼다. 문은 아무 일도 없었다는 듯 여전히 검은 커튼이 쳐져 있었고, 불은 꺼져 있었다.

'이상하다. 꿈이었나? 원도가 이렇게 옆에서 꾸벅꾸벅 자고 있는걸. 꿈일 리가 없어.'

예은이는 너무 궁금해서 머리가 어떻게 되어 버릴 것만 같았다.

'우리 말고 이 집에 있는 사람은 건축가 아저씨와 조각가 할아버지뿐이야. 그 둘 중 한 명이었을까? 아니면 다른 사람? 저기에는 대체 뭐가 있을까? 도대체 왜 비밀인 걸까?'

예은이는 원도를 깨워 집으로 들어갔다. 조각가가 이제 막 잠에서 깬 얼굴로 2층에서 내려오고 있었다.

"아니, 너희, 이렇게 일찍 어디를 갔다 오니?"

"집 뒤쪽에요. 이상한 소리가 나서 나가 봤는데 잠겨 있는 문 안에 누군가가 있었어요."

예은이가 조각가의 표정을 살폈다. 조각가는 대수롭지 않게 말했다.

"건축가 아저씨 아니었을까? 뭔가 할 일이 있었나 보지."

"하지만 아저씨는 전에 거기에 뭐가 있는지 모른다고 했는데요?"

예은이는 미심쩍은 얼굴로 조각가를 보았지만 더는 캐묻지 않았다. 다시 방으로 들어간 아이들은 점심때가 거의 다 되어서야 일어났다.

아이들은 점심을 먹는 둥 마는 둥 하고 서재로 가 책을 펼쳤다.

---

### 다섯째 날 ● 일상에서 지식을 발견한 아르키메데스

오늘은 고대 그리스 최고의 과학자이자 수학자인 아르키메데스에 관해 알아보자.

아르키메데스는 다른 고대 학자들과는 달리 철학이나 수에 대한 신비적인 사고에 사로잡히지 않고 논리적이고 독창적으로 생각을 했어.

아르키메데스가 다른 학자들과 다른 점은 그뿐이 아니야. 당시 대부분의 그리스 학자들은 실용적인 것은 천하게 여기고 순수하게

학문적인 것만을 가치 있다고 여겼어. 하지만 아르키메데스는 학문적 발견을 했을 뿐 아니라 그 지식을 이용해 수많은 실용적인 기계를 발명했지.

아르키메데스의 수학적 업적 가운데 가장 두드러진 건 포물선이나 곡선으로 된 도형의 넓이를 계산해 낸 거야.

당시 그리스 사람들은 곡선으로 된 도형의 둘레나 넓이를 구할 때 그것과 비슷하게 생긴 다각형의 값을 구하는 것으로 대신했어. 하지만 아르키메데스는 좀 더 정확한 값을 알고 싶어 했지.

아르키메데스는 곡선의 안쪽과 바깥쪽에 접하는 다각형을 함께 이용하는 방법을 썼어. 안쪽과 바깥쪽 다각형의 변의 개수를 96개까지 늘리며 원에 가깝게 해서 원의 둘레를 구했지.

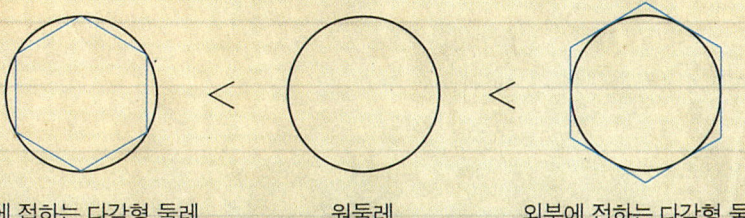

내부에 접하는 다각형 둘레　　　원둘레　　　외부에 접하는 다각형 둘레

또 아르키메데스는 원을 잘게 쪼개 넓이를 구했어.

원을 가느다란 직사각형으로 잘게 쪼개면 원의 넓이는 아래 B의 직사각형의 합보다는 크고 C의 합보다는 작지. 직사각형의 넓이는 구할 수 있으니까 더 많은 직사각형으로 쪼갤수록 원의 넓이에 좀 더 가까워지는 거지.

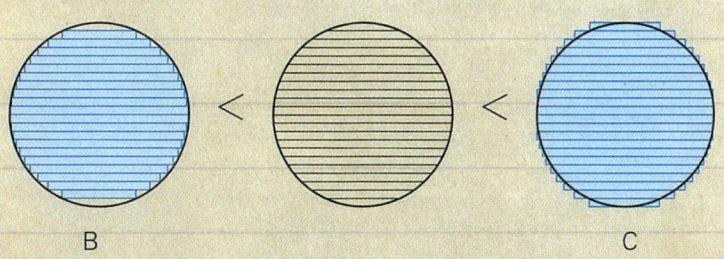

B　　　　　　　　　　　　　　C

아르키메데스는 이런 원리로 구의 겉넓이를 계산했을 뿐 아니라 포물선과 곡선으로 된 도형의 넓이, 원뿔, 구, 원기둥의 겉넓이와

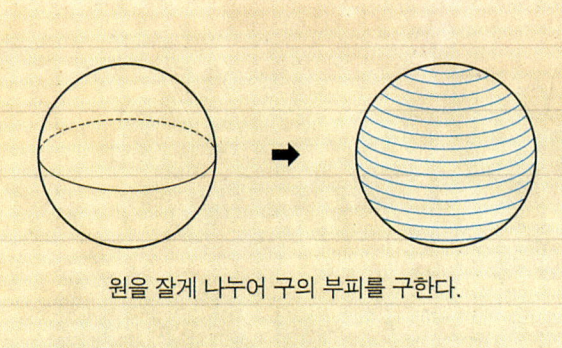

원을 잘게 나누어 구의 부피를 구한다.

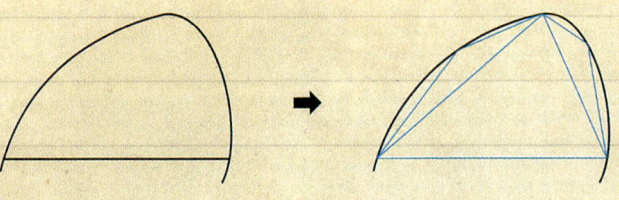

삼각형으로 쪼개어 포물선의 넓이를 구한다.

부피까지 구했어.

아르키메데스는 서로 접한 원뿔, 구, 원기둥의 부피의 비가 1:2:3 이 된다는 사실을 발견했는데 이 발견을 아주 자랑스러워 해서 나중에 자신의 묘비에 새겨 달라는 부탁까지 해.

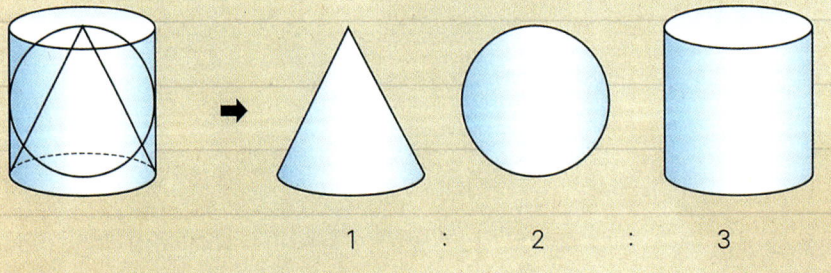

아르키메데스는 지렛대의 원리를 연구한 걸로도 아주 유명하지.

지렛대를 사용하면 작은 힘으로 큰 힘을 낼 수 있어. 그러니까 무거운 물체에 긴 막대를 넣고 받침대를 받치고 누르면, 물체의 무게보다 더 작은 힘으로 들어올릴 수 있는 거지.

지렛대의 원리는, 물체의 무게와 받침까지의 거리의 곱과 누르는 힘과 받침까지의 거리의 곱이 같을 때 수평이 된다는 것이야.

다시 말하면 받침을 물체 가까이 놓을수록 물체를 들어올릴 때 힘이 적게 든다는 뜻이지.

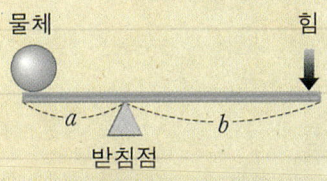

물체의 무게 X a = 힘의 크기 X b

시소를 생각하면 지렛대의 원리를 쉽게 이해할 수 있어. 몸무게가 다른 사람이 시소에서 균형을 맞추려면 무거운 사람은 앞쪽에

가벼운 사람은 뒤쪽에 타야 한다는 거야.

저울과 추로 지렛대의 원리를 다시 한번 알아보자.

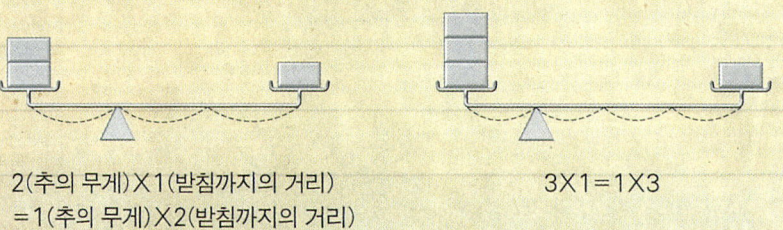

2(추의 무게)×1(받침까지의 거리)
=1(추의 무게)×2(받침까지의 거리)

3×1=1×3

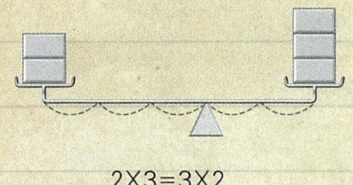

2×3=3×2

지렛대의 원리를 파악한 아르키메데스는 심지어 "내게 서 있을 자리와 충분히 긴 지렛대와 튼튼한 지렛목을 준다면 지구를 움직이겠다."고도 했어.

또 도르래와 지렛대를 이용하여 모래밭에 있던 무거운 군함을 들어올려 바다에 띄우기도 했지.

아르키메데스는 '부력'의 원리를 발견한 것으로도 유명해. 아르키메데스가 목욕을 하다가 이 원리를 발견하고는 너무 기뻐 벌거벗은 채로 '유레카, 유레카!(알았다, 알았어)'라고 소리 지르며 목욕탕을 뛰어나왔다는 얘기는 들어 봤을 거야. 이 원리를 이용해서 왕관을 부수지 않고 왕관이 정말 순금으로 만들어졌는지 알아냈어.

부력은 쉽게 말해서 물에서 뜨는 힘을 말해. 물은 잠긴 물체가 밀어낸 부피의 물의 무게만큼 물체를 띄우는 힘을 주는 거야. 물이 가득 담긴 욕조에 들어가면 몸이 가벼워지지? 물에 잠긴 몸의 부피만큼 위로 밀어내기 때문이야. 그리고 잠긴 부피만큼 물이 넘치게 되지.

아르키메데스는 이렇게 중요한 수학과 과학의 업적을 이루었지만 안타까운 최후를 맞이했어.

그리스를 침략한 로마 병사들이 아르키메데스 집으로 쳐들어왔는데 그때 아르키메데스는 땅에 원을 그리며 생각에 잠겨 있었어. 땅에 그린 원을 한 병사가 밟자 아르키메데스는 크게 호통을 쳤어. 화가 난 병사는 이 노인이 아르키메데스라고는 생각도 못하고 그 자리에서 칼로 찔러 죽인 거야. 아르키메데스를 존경하던 로마 장군 마르켈루스는 무척 슬퍼했고 아르키메데스가 가장 좋아했던 도형인 원기둥 안에 내접한 구와 원뿔을 묘비에 새겨 주었지.

로마가 그리스를 정복하자 수학은 더 이상 발전하지 못했어. 1100년 동안 로마인들이 증명한 정리는 하나도 없었으니까. 로마인들은 오로지 힘으로 세계를 정복하는 일만을 중요하게 생각했어. 그리고 그리스의 토론 문화와 학문이 그리스를 다스리는 데 방해가 된다고 여겼어. 지식인들이 자신들을 비판하고 복종하지 않을까 봐 두려웠기 때문이야. 그래서 로마인들은 그리스 학자들을 죽이고 알렉산드리아 도서관에 보관되어 있던 두루마리 책들을 불태워 버렸어. 인류의 빛나는 지혜가 다 타 버린 거지.

   역사에는 세상을 힘으로 지배하려는 자가 훌륭한 학자들을 억압하고 지혜가 적힌 책들을 불태워 버린 일이 종종 있어. 사람들이 어리석어야만 통치자한테 복종할 거라고 믿었기 때문이지.

   학자를 죽이거나 책을 불태우지는 않지만 지금도 비슷한 일이 일어나고 있어. 일부러 거짓 정보를 퍼뜨리고, 중요한 지식은 몇몇 사람만이 알려고 하는 거지. 이렇게 하면서 자신이 다른 사람보다 우월하다고 여기지만 전혀 그렇지 않아. 지식은 누구에게나 열려 있고 쓸모 있게 사용할 때만 가치 있는 거야. 갇혀 있는 지식은 크게 자랄 수 없어.

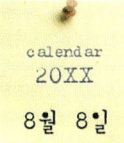

# 데카르트 -
## 간단명료한 것이 좋아

아침부터 구름 한 점 없이 무더위가 기승을 부렸다. 열대야와 달려드는 모기 때문에 잠을 설친 아이들은 시든 배추잎처럼 늘어졌다. 가만히 있어도 흐르는 땀 때문에 티셔츠가 몸에 착 달라붙었다.

예은이와 원도는 알 수 없는 글귀가 씌어진 바둑판무늬 종이와 양팔 저울, 그리고 추를 만지작거리며 문제를 풀려고 안간힘을 썼다. 하지만 뇌가 아이스크림처럼 녹아 버렸는지 그저 멍할 뿐이었다.

예은이가 두 손을 들며 말했다.

"도저히 안 되겠다. 공부를 하고 나서 다시 생각해 보자."

원도가 공책으로 부채질을 하며 물었다.

"오늘도 공부해야 해? 너무 덥다."

"물론이지. 하루도 거르면 안 돼."

예은이가 딱 부러지게 말하고 일어나려는데 문이 열렸다.

건축가였다. 아이들은 뒤늦게 바둑판무늬 종이와 양팔 저울, 추를 치

우려고 했지만 건축가가 잽싸게 다가왔다.

"이번 수수께끼는 뭐냐?"

건축가는 원도가 손으로 덮고 있는 바둑판무늬 종이를 살짝 빼려 했다. 하지만 원도는 손에 힘을 주며 종이를 눌렀다.

"한번 보자. 내가 도와줄 수 있을지도 모르잖아?"

건축가가 상냥하게 말했다.

원도는 건축가가 문제를 읽는 것이 싫었지만 차마 거절을 할 수 없었다. 원도가 마지못해 종이를 건네주자 예은이가 체한 것 같은 얼굴로 원도를 노려보았다.

"숨겨진 보물을 찾아 떠나는 당신은 '의문'과 '논증'을 지나야 한다.

의문: 양쪽이 똑같은 수로 균형을 이루던 저울이 작은 움직임 때문에 한쪽으로 기울게 된다. 왼쪽 수를 2배로 한 다음 하나를 더한 것은 오른쪽 수의 3배와 같다.

논증: 추 몇 개를 반대쪽으로 옮기자 더 심하게 기운다. 기울어진 저울을 바로잡기 위해 받침대의 위치를 옮긴다. 받침대가 왼쪽에서부터 1:3의 위치에 오자 저울은 다시 평형을 이룬다."

건축가는 큰 소리로 문제를 읽고는 고개를 갸웃거렸다.

"이것 참, 문제가 꽤 어렵구나. 너희는 다 풀었니?"

원도와 예은이는 대답을 하지 않았다. 건축가가 설탕처럼 달짝지근한 목소리로 다시 물었다.

"궁금한 게 있으면 나한테 물어봐."

예은이가 퉁명스럽게 대꾸했다.

"우리 힘으로 풀 거예요. 할아버지도 우리 스스로 풀어야 한다고 했어요. 돌려주세요."

건축가의 얼굴에서 웃음기가 사라졌다. 그러고는 굳은 얼굴로 종이를 예은이에게 넘겨주었다.

"그래, 문제는 너희 스스로 풀어야겠지. 너희가 어서 문제를 풀면 좋겠구나."

건축가는 의미심장하게 웃으며 방을 나갔다. 예은이는 종이와 양팔 저울, 추를 이불 아래 넣고 원도를 잡아끌었다.

"빨리 오늘 공부를 하자. 단서를 찾을지도 몰라."

아이들은 서재로 달려갔다.

## 여섯째 날 ● 기하학에 좌표를 활용한 데카르트

오늘 소개할 사람은 데카르트인데 그 전에 먼저 아라비아 수학에 대해 간단히 설명할게.

고대 그리스인들은 수를 계산하는 일은 노예처럼 천한 사람이 하는 일이고 우수한 사람들은 우주의 진리를 탐구하는 기하학을 공부해야 한다고 여겼어. 그래서 그리스 기하학은 길고 어려운 말들로 가득하게 되었고 몇몇 사람만이 기하학을 공부할 수 있었지. 더구나 로마가 그리스를 침략한 뒤로 그리스 수학은 완전히 쇠퇴해 버렸지.

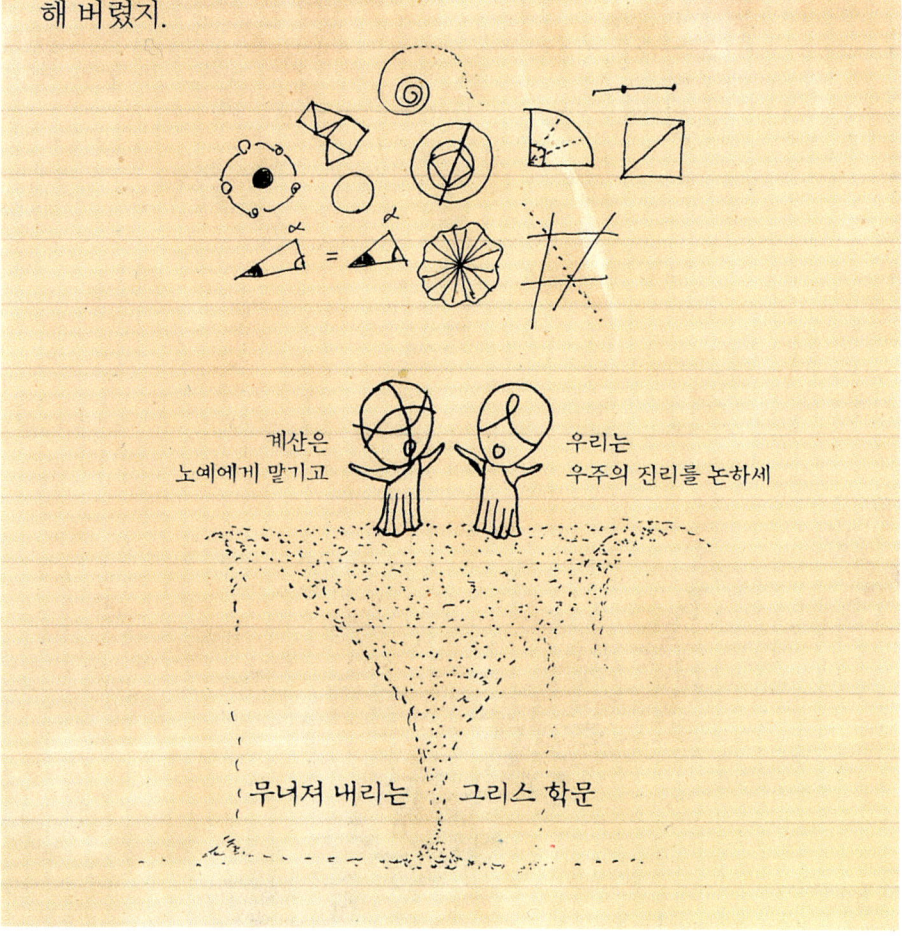

하지만 그리스 수학은 아라비아로 전해지면서 다른 모습으로 다시 태어나.

아라비아의 통치자인 칼리프는 학문에 관심이 아주 많았어. 그중 '마으문'이라는 칼리프는 바그다드에 '지혜의 집'이라는 연구소를 세우고 각 지역에서 우수한 인재들을 뽑아 그리스어, 산스크리트어, 라틴어, 히브리어, 아랍어 등 수많은 언어로 씌어진 책들을 번역하고 연구하게 했지. 이때 탈레스, 피타고라스, 유클리드, 아르키메데스, 아리스토텔레스 들의 책도 들어와 아라비아어로 번역돼.

아라비아는 그리스 수학뿐 아니라 상인들을 통해서 인도의 수학도 받아들여. 당시 상업이 발달한 인도의 수학은 그리스 수학과는 달리 실용적인 면에서 매우 뛰어났어.

아라비아는 각 수학의 장점, 그러니까 그리스 기하학의 논리와 인도 수학의 실용성만을 뽑아 독자적인 수학을 만들었는데 그게 바로 대수학이야.

'대수(代數)'는 '숫자를 대신한다'는 뜻이야. 그러니까 대수학은 각각의 수를 대신하는 문자나 부호를 써서 수의 관계나 성질, 계산 법칙을 연구하는 거지.

대수학은 계산과 밀접한 관련이 있어. 그리스에서는 계산을 천한 일로 여긴데다 수를 나타내는 부호가 빈약했기 때문에 방정식이 발달하지 못했지. 그러나 아라비아에서는 인도 수학의 영향으로 방정식에 대한 이론이 발달했어. 요즘 우리가 쓰는 아라비아 숫자도 사실 인도에서 아라비아로 전해진 거야.

아라비아의 대수학을 발전시키는 데 큰 공을 세운 카와리즈미는 뛰어난 수학자인 동시에 천문학자, 지리학자였어. 카와리즈미는 수학에서 '모호한 것은 명확히 하고 복잡한 것은 단순하게 하는 방법'을 연구했지. 모르는 수를 문자로 대신해 이미 알고 있는 것처럼 사용한 방정식을 만들고, 같은 종류의 것(동류항)들끼리 묶어서 방정식을 간단히 하는 것이야.

● 방정식이란?
문자에 어떤 수를 넣느냐에 따라 참이 되기도 하고 거짓이 되기도 하는 등식.
$x+3=7$  '$x=4$'일 때만 참이 된다.

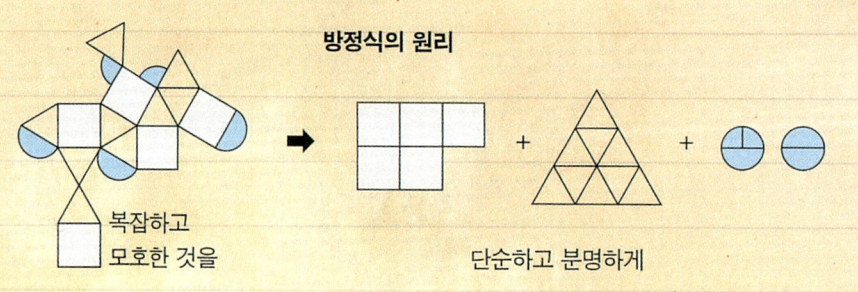

방정식의 원리

복잡하고 모호한 것을 → 단순하고 분명하게

좀 어렵지? 내가 예를 들어 볼게. 아래 문제를 풀어 보자.

엄마가 아랫집과 윗집에 사과를 나눠 주려고 한다. 엄마는 한 개의 그릇으로 사과를 나누는데 그 그릇에는 늘 똑같은 수의 사과가 담긴다. 아랫집 바구니에는 사과를 5번 담아 옮긴 다음 8개를 빼냈다. 윗집 바구니에는 사과를 3번 담아 옮긴 다음 2개 더 넣었다. 아랫집과 윗집에 줄 사과의 개수는 똑같다. 그렇다면 그릇에 담아 한 번에 옮긴 사과는 몇 개일까?

이 문제는 아주 길고 복잡해 보이지만 간단히 풀 수 있어.

그릇에 담기는 사과의 개수=$x$

아랫집에 줄 사과의 개수=$5x-8$

윗집에 줄 사과의 개수=$3x+2$

두 집에 줄 개수가 같으므로 $5x-8=3x+2$

$5x$와 $3x$는 '$x$'라는 공통된 문자가 있으니까 동류항이다. 마찬가지로 8과 2도 동류항이다. 동류항끼리 모아 계산한다.

$5x-3x=2+8$

$2x=10$, $x=5$

그릇에 담기는 사과의 개수는 5개이다.

> 이건 아주 쉽고 간단한 일차방정식이지. 카와리즈미는 좀 더 복잡한 일차방정식들을 푸는 방법을 연구하고, 더 나아가 이차방정식, 삼차방정식을 푸는 법까지 연구했어.
> 하지만 아라비아 수학은 그리스 수학의 영향을 점점 더 많이 받으면서 지나치게 이론적이 되고 차츰 내리막길을 걷게 되지.

예은이가 혼잣말처럼 물었다.

"이집트나 바빌로니아는 실용성만을 생각해서 수학이 발전하지 못했지만 그리스는 이론적인 생각을 중요하게 생각했기 때문에 수학이 발전했어. 그런데 아라비아 수학은 실용적이어서 그리스 수학보다 훌륭했는데 나중에는 이론적으로 되어서 퇴보했다고? 이론적인 것이 좋은 걸까, 실용적인 것이 좋은 걸까?"

원도가 대답했다.

"글쎄, 둘 다 장단점이 있는 것 같아. 실용성만 생각하면 큰 지식을 얻지 못하지만 이론만 중요시하면 어렵고 지루해지잖아."

원도의 말을 들은 예은이는 좋은 생각이 떠올랐다.

"그 둘의 장점만을 합하면 어떨까?"

"어떻게?"

예은이는 말문이 막혔다.

아이들은 다음 장을 넘겼다.

> 이제 데카르트에 대해 알아보자.
>
> 데카르트는 수학자보다는 철학자로 더 많이 알려졌지. 전에 수학과 철학은 원래 둘이 아니었다고 한 말 기억나니?
>
> 보통 사람들은 어떤 문제를 대하면 답을 알아내려고만 하지. 하지만 데카르트는 문제에 맞닥뜨렸을 때 무엇을 어떻게 해야 할지 그 방법에 대해서 생각했어.
>
> 데카르트는 우리가 살고 있는 세상은 불확실하고 혼란스러워서 무엇을 믿어야 할지 모르는 경우가 많다고 여겼어. 그렇기 때문에 우리가 확실히 믿을 수 있는 것, 확실하게 알 수 있는 게 무엇인지 생각했지. 이런 태도가 획기적인 기하학을 만들어 냈어.

"획기적인 기하학이라고?"

예은이는 입맛이 당겼다.

데카르트는 수학을 좋아했지만 그리스의 기하학에 대해서는 아주 비판적이었어. 도형에 대한 설명이 너무 복잡하고 길었기 때문이야.

데카르트는 기하학을 누구나 확실히 알 수 있는 간단한 식으로 나타낼 수 없을까 고민하다가 기하학을 대수학과 결합하게 돼.

이집트나 바빌로니아에서도 수와 도형을 같이 다루기도 했지만 측량을 위해 도형의 넓이를 구하는 정도였어. 피타고라스가 최초로 수와 도형을 관련지어 설명하기 시작했지만 한 변의 길이가 1인 정사각형의 대각선 길이를 유리수로 나타낼 수 없다는 것을 깨닫고 기하학과 수를 관련시키는 것을 금지했지.

데카르트는 최초로 기하학에 좌표를 이용했어. 좌표란 공간에서 어떤 점의 위치를 나타내는 수의 짝을 말해.

좌표를 쓴 것 자체는 그다지 새로운 일이 아니야. 프톨레마이오스는 이미 2세기에 지도에 좌표를 사용했고, 그리스인들도 점을 좌표로 나타내기도 했으니까.

하지만 데카르트가 생각한 좌표는 고정된 한 지점을 나타내는 것이 아니라 움직임을 나타내.

데카르트는 어릴 때부터 몸이 약해서 늘 늦잠을 자고 침대에 누워서 생각하는 버릇이 있었대. 어느 날 침대에 팔베개를 하고 누워 있다가 천장에 붙어 이리저리 움직이는 파리를 보고 그 모양을 수학적으로 나타낼 수 없을까 생각했지.

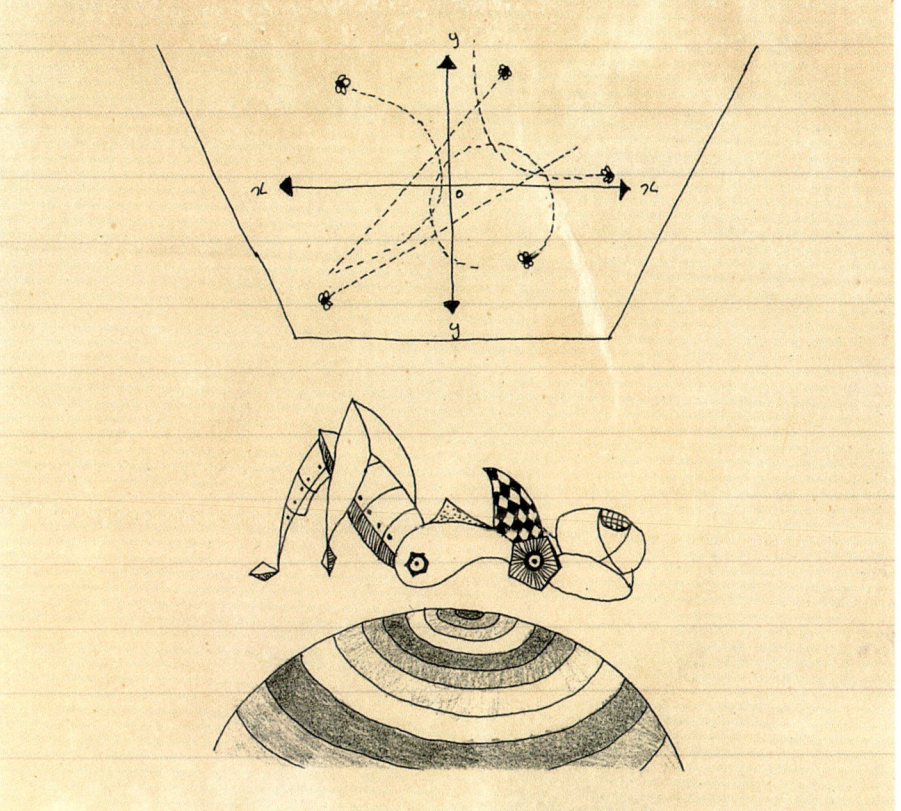

데카르트는 천장의 한 모서리를 기준으로 하고 파리가 지나간 곳을 점 $(x, y)$와 같이 표시했어.

이 좌표에서 파리가 움직이면 $x$의 값이 바뀌면서 $y$의 값도 따라서 바뀌니까, 파리가 일정하게 움직이기만 한다면 그 움직임을 식으로 나타낼 수 있겠지.

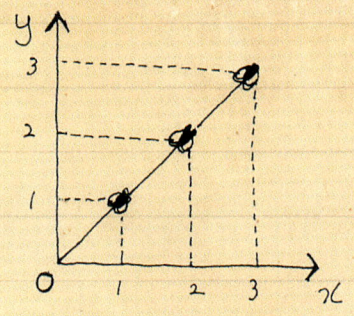

파리가 지나간 곳을 좌표로 나타내면 (1,1) (2,2) (3,3)으로 나타낼 수 있다.

데카르트는 여러 직선들을 좌표 평면에 그려 보고 직선 위의 점들을 단순한 식으로 나타낼 수 있다는 것을 알아냈지. 또 거기에 그치지 않고 도형을 연구하는 과정에서 놀라운 규칙성을 발견해.

기하학의 공간을 좌표라고 생각한다면 직선뿐만 아니라 원, 타원, 쌍곡선 등도 모두 식으로 나타낼 수 있어. 데카르트는 $x$축이라고 부르는 수평선과 $y$축이라고 부르는 수직선을 그려서 공간을 좌표로 바꾸었지.

이때부터 직선이나 포물선, 곡선뿐 아니라 원이나 삼각형 같은 기하 도형도 간단한 식으로 나타낼 수 있게 돼.

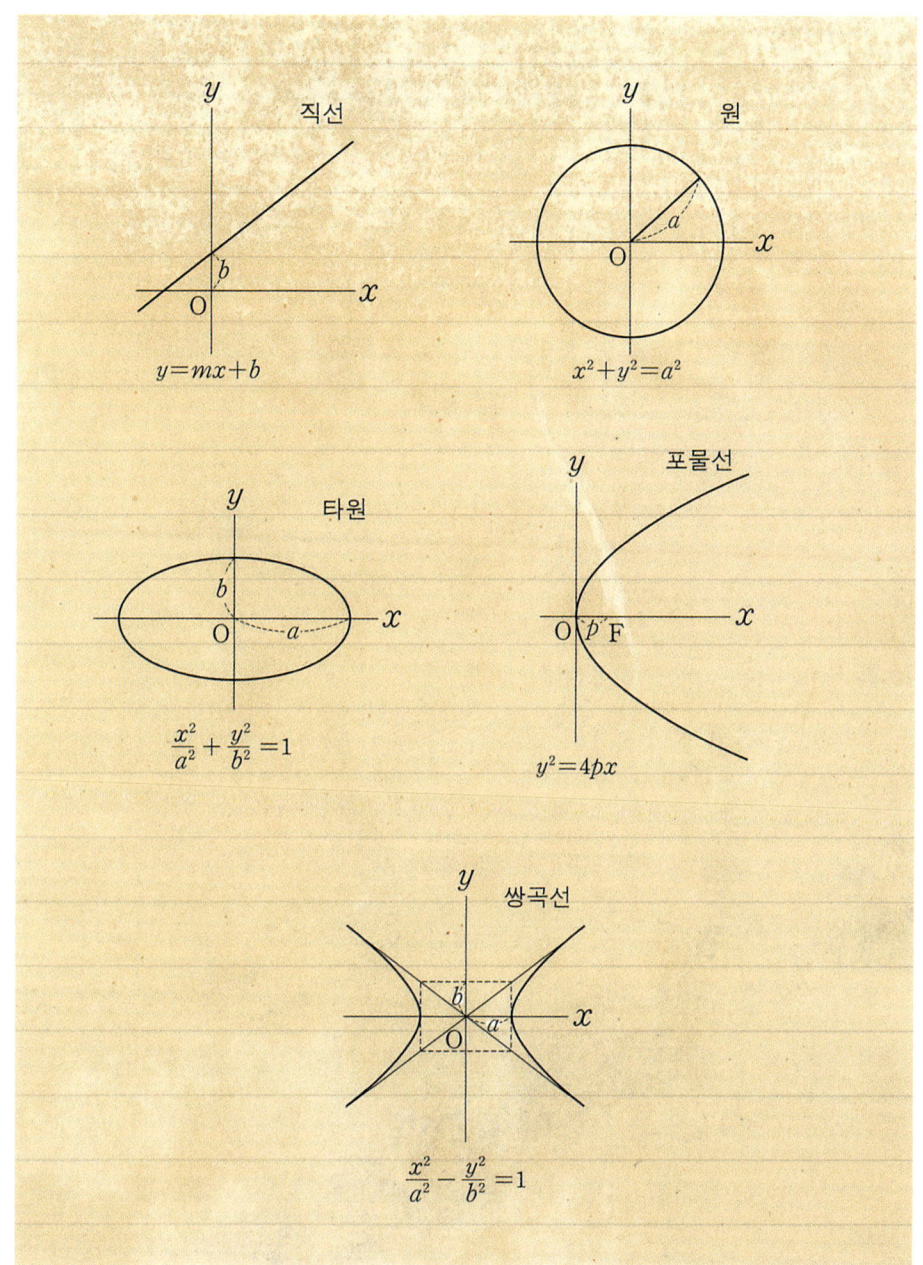

> 데카르트가 생각해 낸 좌표는 점점 발달해 평면뿐 아니라 3차원 공간까지 표현하게 돼. 공간을 나타내는 좌표는 현재 아주 유용하게 쓰이고 있어. 비행기가 하늘에서 다니는 길은 3차원 좌표를 이용해서 계획하고, 건축 도면을 설계하는 것이나 영화의 시각 효과를 만드는 것도 모두 3차원 좌표와 식을 이용해.
>
> 좌표로 표현하는 공간의 영역을 점점 넓혀 가면 4차원의 좌표도 쓸 수 있겠지?

예은이가 눈을 동그랗게 떴다.

'4차원은 공상 과학에서나 가능한 얘기인 줄 알았는데 기하학에서 나오다니.'

예은이는 내일 공부할 곳을 살짝 들춰보았지만 4차원과는 무관해 보였다.

아이들은 아래층으로 내려갔다. 보통 밥 먹을 시간에는 방에 틀어박혀 있던 건축가가 양복을 쫙 빼입고 거실에서 서성이고 있었다. 연신 시계를 보는 모양이 무엇을 기다리는 것 같았다.

아이들은 조각가를 도와 데친 나물에 참기름과 깨소금을 넣고 버무렸다. 조각가는 커다란 밥그릇에 김이 나는 밥을 담고 무친 나물과 달걀부

침을 얹어 주었다. 아이들이 고추장을 넣고 신나게 밥을 비벼 입을 쩍 벌리고 막 한 술 떠 넣으려 할 때, 검은 승용차 한 대가 마당으로 들어섰다. 건축가가 후다닥 뛰어나가 문을 열고 마당으로 나갔다. 아이들과 조각가도 무슨 일인가 싶어 거실로 나갔다.

차에서는 건축가처럼 양복을 입고 넥타이까지 맨 남자 세 명이 내렸다. 건축가는 뒷자리에서 내린 백발의 남자에게 허리를 굽실거리며 사람들을 집 안으로 안내했다. 유난히 커다란 앞니와 작은 눈 때문에 생쥐처럼 보이는 남자와 뚱뚱한 남자도 뒤를 따라 집으로 들어왔다. 백발의 남자가 멀뚱히 서 있는 아이들에게 눈길을 주자 건축가가 나섰다.

"애들이 바로 이원재 씨의 손주들입니다. 애들아, 어서 인사드려. 건축 협회 회장님이시다."

인사를 시킨 뒤 건축가는 2층으로 올라가라고 했지만, 예은이는 원도와 부엌에서 밥을 마저 먹겠다고 했다.

남자들은 거실에 자리를 잡았다. 예은이는 갑자기 들이닥친 낯선 사람들이 마음에 들지 않았다.

'이 더운 날 저런 갑갑한 옷차림이라니. 보는 사람까지 덥네. 그나저나 왜 온 걸까?'

예은이는 귀를 쫑긋 세우고 거실에서 들리는 이야기에 귀를 기울였지만 사람들이 너무 작은 소리로 쑥덕거려서 잘 알아들을 수가 없었다. 간간이 들리는 말들은 '이원재 씨 집', '개조', '연구소' 따위였다.

'분명히 할아버지 집에 관해 말하고 있는 거야. 아, 그래. 유언장에 우리가 도장을 찾지 못하면 이 집은 건축협회에 기증된다고 했지.'

뚱뚱한 남자의 탁한 말소리가 귀에 꽂혔다.

"암요. 저런 꼬마들한테 이 집이 넘어가는 건 말이 안 되지요. 저런 애들이 뭘 아나요?"

예은이는 숟가락을 소리 나게 내려놓고 뚱뚱한 남자에게 걸어갔다. 예은이의 눈은 검은 부싯돌처럼 불꽃이 튀었다.

"할아버지 집을 어떻게 하려나 본데 어림없어요. 원도랑 내가 도장을 찾아낼 거예요."

백발 남자의 입 꼬리가 살짝 올라갔다.

"자신만만하군, 꼬마 아가씨. 하지만 세상은 그렇게 호락호락하지 않아. 만의 하나 도장을 찾는다고 해도 너희는 이 집을 기껏 놀이터로나 만들겠지. 나만이 여기를 특별한 사람만을 위한 품격 있는 곳으로 만들 수 있어."

예은이는 백발 남자가 비꼬는 투로 말하자 속에서 불이 나는 듯했다. 백발 남자를 똑바로 쏘아보며 또박또박 말했다.

"할아버지는 좋은 건 모두가 나누고 함께 누려야 한다고 했어요."

둘 사이에 팽팽한 긴장감이 돌았다.

"어른한테 웬 말대답이야. 건방지게."

당황한 건축가가 야단을 쳐도 예은이의 기세는 조금도 꺾이지 않았다. 백발 남자가 코웃음을 쳤다.

"그 할아버지에 그 손녀로군. 나중에도 그렇게 건방질 수 있을지 두고 보자고."

백발 남자는 가래 끓는 소리를 내더니 사람들을 이끌고 집 밖으로 나갔다.

예은이는 주먹을 꼭 쥐었다. 원도가 다가와서 바로 곁에 섰다.

"걱정 마. 도장을 찾아낼 거야. 우리가 할아버지 집을 지켜야지."

원도의 차분한 목소리에 예은이는 마음이 가라앉았다.

"그래. 할아버지 집은 우리가 지킬 거야."

> calendar
> 20XX
> 8월 9일

# 의문과 논증은 어디에?

잠에서 깬 원도가 눈을 비비다 용수철처럼 침대에서 튀어 올랐다.

"어, 원통이 없어졌어."

원도가 책상을 가리켰다. 원통과 양팔 저울, 추, 종이가 흔적도 없이 사라졌다.

바닥에 떨어지지는 않았는지 책상 밑은 물론 침대 밑도 다 찾아보고 혹시나 몰라 가방이며 옷장까지 찾아보았지만 보이지 않았다. 거실에 있는 조각가에게 혹시 양팔 저울과 종이를 못 보았냐고 물었다.

"글쎄, 잘 모르겠는데. 건축가 아저씨한테 물어보지?"

아이들은 건축가 방으로 들어갔다. 방에는 아무도 없었다.

"나가셨나 봐. 나중에 오자."

원도가 나가려는데 예은이가 팔을 잡아끌었다.

"기왕 들어왔으니 책상 위만 한번 보자."

책상 위에는 쓰다 만 종이들이 널려 있었고 원통은 보이지 않았다. 예은이는 서랍을 뒤지고 싶은 마음이 굴뚝같았지만 꾹 참았다.

"야, 이것 좀 봐. 이건 할아버지가 우리한테 낸 문제잖아."

원도가 내민 종이에는 원통에서 나온 문제가 씌어 있었다.

"정말이네. 아저씨가 왜 이걸 적어 놓았지?"

예은이가 다른 종이들을 뒤졌다. 그러자 원통과 상자 안의 삼각형이 그려진 종이도 나왔다.

원도가 말했다.

"아저씨도 문제를 풀고 있었던 거야. 이상하다. 왜 그랬지? 우리를 도와주려는 걸까?"

예은이는 생각이 달랐다.

"우리보다 먼저 도장을 찾으려는 거 아닐까? 다행히 지금까지는 우리가 먼저 문제를 풀었어."

둘은 눈에 보이는 곳을 모두 찾아보았지만 원통은 보이지 않았다. 할 수 없이 그냥 나가려는데 벽에 걸린 달력이 눈에 띄었다. 14일에 빨간 동그라미가 그려져 있고 빈칸에 깨알 같은 글씨가 적혀 있었다. 예은이가 가까이 가서 읽어 보았다.

"공사 시작. 지하로 들어가는 문을 뜯어낸다. 1층은 전시실로, 2층 서재는 회의실로, 애들 방은 물품 창고로 만든다."

예은이는 주먹을 불끈 쥐었다.

"아직 날짜가 되지도 않았는데 벌써 이 집을 바꿀 계획을 세우다니. 아저씨는 우리가 도장을 못 찾을 거라고 단정 지은 거야."

방에 돌아오자 원도가 먼저 입을 열었다.

"바둑판 종이가 없어도 문제를 외우고 있잖아? 우리도 문제를 적어 보자."

숨겨진 보물을 찾아 떠나는 당신은 '의문'과 '논증'을 지나야 한다.

의문: 양쪽이 똑같은 수로 균형을 이루던 저울이 작은 움직임 때문에 한쪽으로 기울게 된다. 왼쪽 수를 2배로 한 다음 하나를 더한 것은 오른쪽 수의 3배와 같다.

논증: 추 몇 개를 반대쪽으로 옮기자 더 심하게 기운다. 기울어진 저울을 바로잡기 위해 받침대의 위치를 옮긴다. 받침대가 왼쪽에서부터 1:3의 위치에 오자 저울은 다시 평형을 이룬다.

* 양쪽 저울에 올라 있는 추의 합은 항상 12개이다.

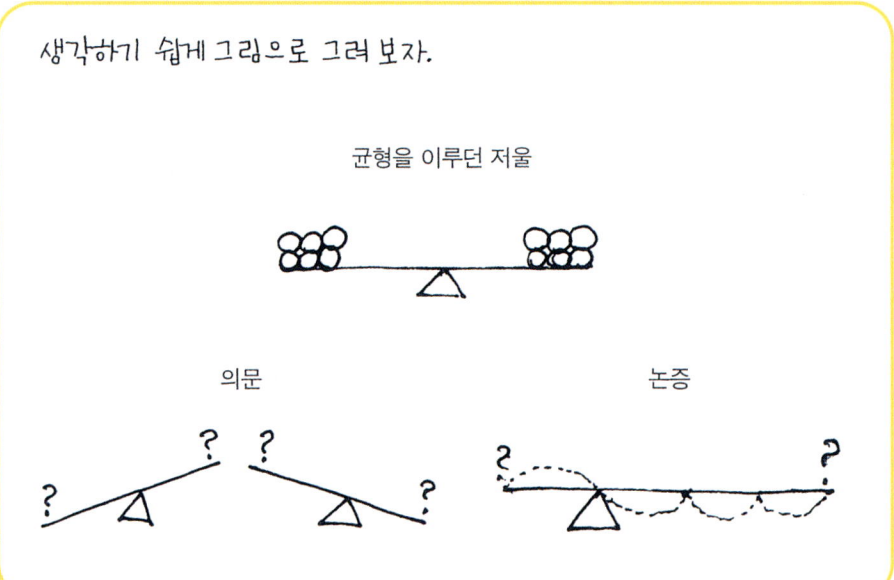

### '의문'부터 구해 보자. 방정식을 이용하면 될 거야.

왼쪽 수 = x   오른쪽 수 = 12−x (왜냐하면 추는 모두 12개니까)
2x+1 = 3(12−x)
2x+1 = 36−3x
2x+3x = 36−1
5x = 35, x = 7
왼쪽 수는 7, 오른쪽 수는 5야.
의문은 7과 5.

### 이번에는 '논증'이야.

아르키메데스의 지렛대의 원리!

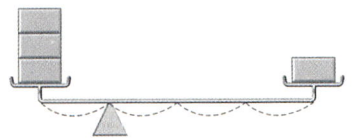

3×1 = 1×3

거리가 1:3 이니까, 추의 개수는 왼쪽 수의 3배가 오른쪽 수와 같아.

오른쪽 수를 x라 하면 왼쪽 수는 3x. 추의 합은 12개.
x+3x = 12
4x = 12
x = 3
오른쪽 수는 3, 왼쪽 수는 9야.
'논증'은 9와 3.

원도가 중얼거렸다.

"데카르트."

원도가 다시 자신 있게 말했다.

"'의문'과 '논증'은 바로 좌표인 거야. (7,5) (9,3)을 지난다는 말이지. 그리고 좌표가 되는 것은 바로……"

원도는 서재로 달려가 문을 쾅당 열어젖혔다. 예은이도 곧 따라 들어왔다.

원도는 서재 바닥에서 칼로 숫자가 새겨진 곳을 찾아냈다.

"할아버지 책을 찾다가 이걸 봤어. 누가 새겨 놓았을까 이상하다고 생각했는데……"

원도는 바닥을 거대한 좌표라고 상상하고 (7, 5) (9, 3) 두 지점을 표시한 뒤 두 점 사이를 직선으로 연결했다.

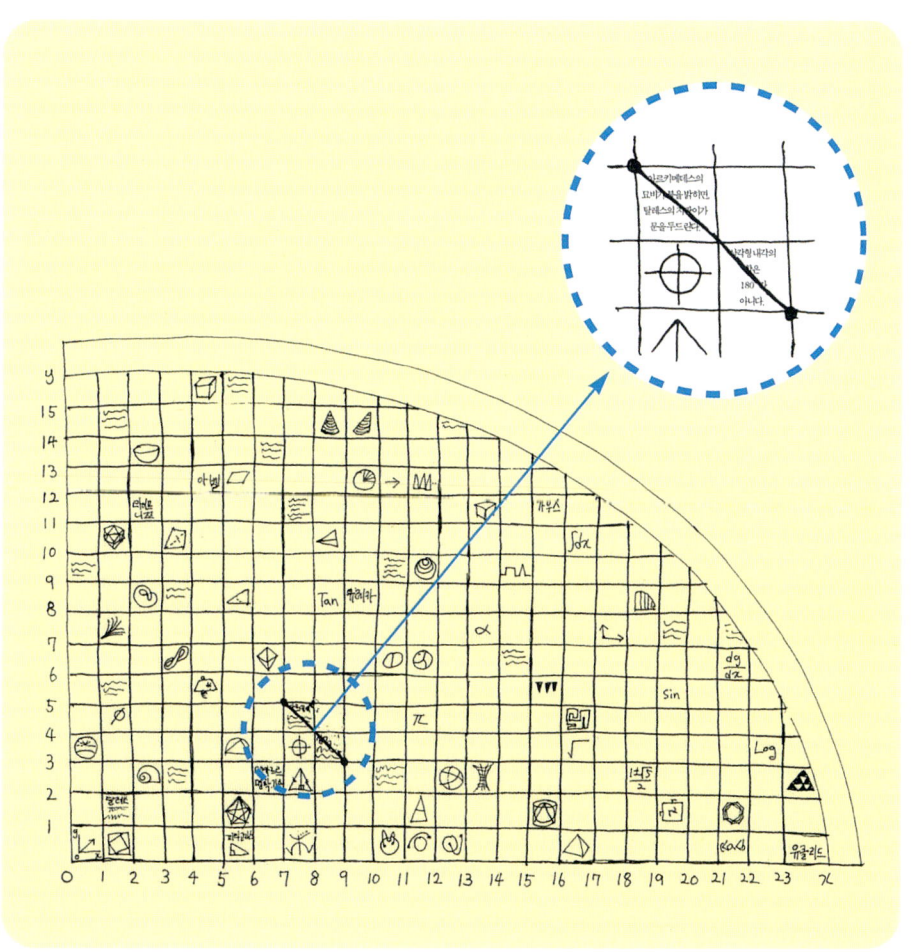

의문과 논증은 어디에? 147

"'의문'에서 '논증'을 지나다 보면…… 어, 여기에 뭐라고 씌어 있다."

예은이가 얼른 두 좌표 사이에 적힌 글을 읽었다.

"아르키메데스의 묘비가 불을 밝히면, 탈레스의 지팡이가 문을 두드린다. 삼각형 내각의 합은 180°가 아니다."

원도가 작게 휘파람을 불었다. 예은이는 한숨을 크게 쉬었다.

"이게 무슨 뚱딴지같은 소리야? 삼각형의 내각의 합은 180°잖아?"

예은이는 짜증이 났다.

"할아버지는 정말 너무해."

아이들은 새로운 문제에 정신이 팔려 문틈으로 자기들을 지켜보는 눈이 있다는 사실을 전혀 알아채지 못했다.

# 휘어진 공간 -
## 새로운 세계의 발견

 아이들은 내색은 안 했지만 건축가가 도장 찾는 일을 방해하려고 원통과 저울을 숨겼다고 여겼다. 예은이는 일부러 건축가에게는 인사를 하지 않고 무서운 눈으로 쏘아보았고 원도는 건축가만 보면 슬며시 자리를 피했다. 하지만 건축가는 아이들이 화를 내고 있다는 사실을 아는지 모르는지 여전히 방에서 무언가를 바쁘게 할 뿐이었다.

 분통이 터진 예은이는 집에서 가져온 리코더를 건축가 방 앞에 서서 엉터리로 불어 댔다. 건축가가 문을 열어젖혔다.

 "조용히 해. 시끄러워서 일을 할 수가 없잖아."

 예은이는 못 들은 척하고 계속 불었다. 화가 난 건축가가 리코더를 빼앗았다.

 "이런 돼먹지 못한 녀석 같으니라고. 너처럼 제멋대로인 애는 따끔하게 혼이 나야 해."

 건축가가 숨을 씨근덕거리며 야단을 치자, 예은이가 눈을 감고 두 손으로 귀를 막고 있는 힘을 다해 괴성을 질렀다. 조각가와 원도가 아래층에서 뛰어 올라왔다. 건축가는 콧구멍을 벌름거리더니 한 손에 든 리코더를 치켜들었다. 조각가가 달려가 건축가의 손을 잡고 원도는 예은이를 붙들었다. 건축가가 리코더를 내동댕이쳤다.

"이제 내일이면 다 끝나. 이 집이 건축협회로 넘어가면 너는 여기에 발도 못 붙이게 하겠어, 이 건방진 꼬마야."

예은이도 지지 않고 대들었다.

"아저씨가 아무리 방해를 해도 우리는 도장을 찾아내고 말 거예요. 이 집에 두 번 다시 들어올 수 없는 건 바로 아저씨라고요."

건축가는 방문을 쾅 닫고 들어가 버렸다. 조각가는 부들부들 떨고 있는 예은이를 데리고 내려와 부엌에서 따뜻한 차를 끓여 주었다.

"이걸 좀 마셔 봐. 마음이 가라앉을 거야."

향기로운 차를 마시고 나자 예은이는 기분이 나아졌다.

조각가가 달래듯이 물었다.

"예은아, 아저씨한테 왜 그랬어?"

예은이는 잠시 망설이다 내뱉듯이 말했다.

"건축가 아저씨는 우리가 도장을 못 찾을 거라 여기고 이 집을 어떻게 개조할 건지 계획까지 세워 놓았어요. 그리고 우리가 도장 찾는 걸 방해하려고 비겁하게 원통 문제를 가져갔다고요."

조각가가 예은이를 지그시 보며 물었다.

"어떻게 건축가가 원통을 가져갔다고 단정 지을 수 있지? 증거가 있니?"

"건축가 아저씨 책상 위에 원통에서 나온 문제가 적힌 종이가 있었어요. 그리고 전에도 아저씨가 저희 방에 들어와 원통을 만진 적이 있다고요. 건축가 아저씨가 아니면 누가 그걸 가져갔겠어요? 이건 백 퍼센트 확실해요."

조각가는 깊이 숨을 들이마셨다.

"그래도 함부로 사람을 의심하는 건 좋지 않아. 물론 너희 처지에서는 기분 나쁘겠지만 건축가 아저씨가 이 집에 대한 계획을 세우는 것 자체는 잘못되었다고 할 수 없어. 너희도 원하는 어떤 일을 상상해 보지 않니?"

"하지만 저는 남한테 피해를 주는 상상은 안 해요."

조각가는 예은이의 빈 잔에 차를 조금 더 따라 주었다.

"건축가 아저씨도 자신의 상상이 남한테 피해가 되리라고는 여기지 않을 거야. 나름대로 이 집을 더 좋게 만들려는 생각일 테니까."

예은이는 자꾸 건축가를 두둔하는 조각가를 이해할 수 없었다.

예은이가 볼멘소리로 물었다.

"조각가 할아버지는 도대체 누구 편이에요?"

"나는 누구의 편도 아니야. 그저 다른 처지에서 생각해 볼 수도 있다는 말이지."

"저는 조금도 잘못했다고 생각하지 않아요. 원도야, 빨리 서재로 가서 오늘 공부나 하자."

예은이는 차를 단숨에 마셔 버리고 자리에서 일어났다. 그러고는 찻잔에서 피어오르는 김에 코를 대고 킁킁거리는 원도를 끌고 서재로 갔다.

### 일곱째 날 ● 새로운 공간의 발견, 비유클리드 기하학

사랑하는 예은, 원도.

너희는 4차원 공간이 존재한다고 생각하니? 만일 그렇다면 오늘 수업은 유난히 흥미롭겠구나.

오늘은 아주 묘한 공간에 관한 이야기를 하려고 해. 이 공간에서는 우리의 상식을 훌쩍 뛰어넘는 일들이 일어나지.

유클리드를 기억하니? 『기하학 원론』을 쓴 그리스 수학자 말이야.

유클리드의 『기하학 원론』은 2천 년도 넘게 수학의 경전으로 여겨져서 사람들은 그 내용이 절대적인 진리라고 믿었지. 그렇지만 몇몇 사람은 『기하학 원론』에 있는 한 가지 내용에 대해 불만을 품었어. 다른 것들과는 다르게 증명이 안 됐기 때문이지.

'한 직선이 두 직선과 만나 생기는 같은 쪽의 내각의 합이 180°

보다 작을 때, 이 두 직선을 내각의 합이 180°보다 작은 쪽으로 연장하면 반드시 서로 만난다.'

이 말을 그림으로 표현하면 아주 간단해.

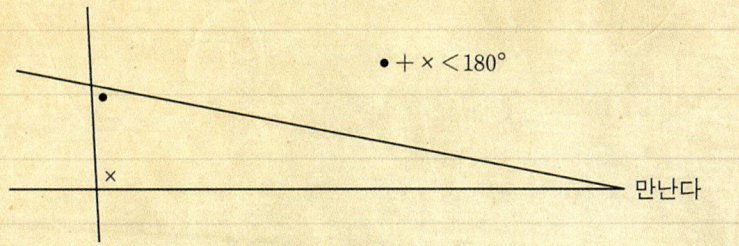

그리고 이건 '한 점 P를 지나고 이 점을 지나지 않는 직선 a와 평행한 직선은 오직 하나이다'라고도 말할 수 있지. 당연하게 보이는 이 문장은 많은 사람들의 상상력을 자극했어.

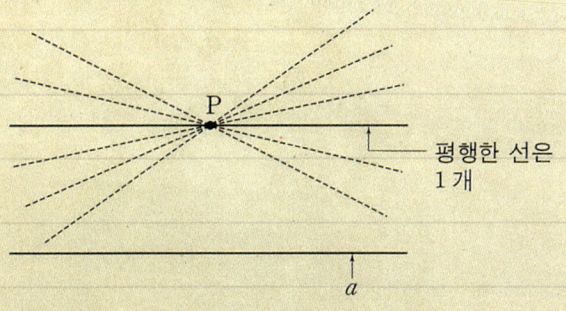

● **평행선이란?**
한 평면 위에 있으면서 서로 만나지 않는 두 직선.

몇몇 사람들은 이걸 증명하려고 시도했고, 유클리드가 틀렸을 가능성이 있음을 알았지. 하지만 유클리드가 정한 평행선에 대한 생각이 완전한 진리라고 믿었기 때문에 자신들이 착각한 것이라고 여겼어. 그래서 자신들의 발견을 숨기거나 계속 연구하는 것을 포기했어.

그러다가 훗날 유클리드의 평행선에 대한 설명이 절대적인 진리가 아님이 밝혀지지.

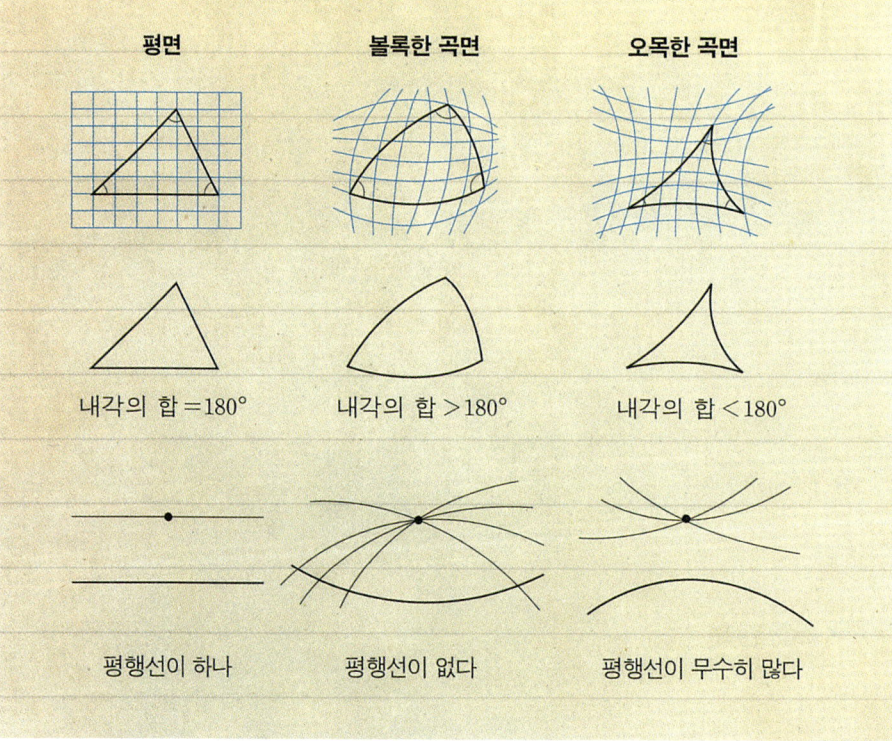

보통의 평면에서 삼각형의 내각의 합은 180°이지만 휘어진 면에서는 삼각형의 내각의 합이 180°가 아니야. 고무공같이 부푼 삼각형의 내각의 합은 180°보다 크고, 말안장같이 휘어진 삼각형 내각의 합은 180°보다 작지.

그러니까 '직선 밖의 한 점을 지나고 그 직선과 만나지 않는 직선은 하나밖에 없다.'는 말은 평면에서만 맞는 말이야. 구나 타원체처럼 볼록한 곡면에는 한 직선에 평행한 선이 하나도 없고 이와는 반대로 오목한 곡면에서는 한 직선에 평행한 선이 수없이 많아. 이렇게 휘어진 공간의 기하학을 가리켜 '유클리드 기하학이 아니다'는 뜻으로 '비유클리드 기하학'이라고 해.

19세기 가우스라는 수학자는 휘어진 곡면의 기하학을 수십 년 연구했고 이런 결론을 내렸어.

* 직선 밖의 한 점을 지나고 그 직선에 평행한 직선은 두 개 이상이다.
* 삼각형의 내각의 합은 180°보다 작고 삼각형이 커질수록 내각은 작아진다.

가우스가 생각한 것은 오목하게 휘어진 면이야. 지구가 평평하지 않고 둥글다는 사실을 최초로 발견한 일만큼 큰 사건이었지. 우리가 사는 세계도 종이처럼 납작하지 않고 휘어져 있기 때문에 비유클리드 기하학을 더 많이 써. 가령 비행기 노선의 길이를 잴 때에도 직선거리가 아니라 지구의 곡면을 따라 휘어진 곡선을 재는 거지.

피라미드를 세울 때 이집트인들이 만든 직각삼각형도 사실은 커다란 구 위에 그려진 것이지.

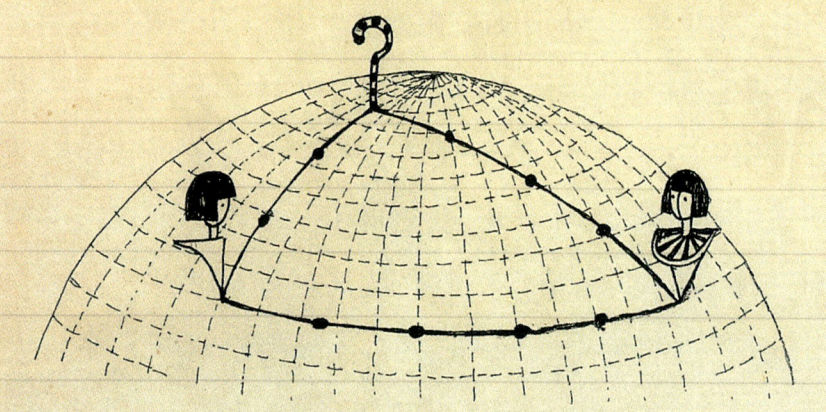

하지만 가우스는 자신이 발견한 이론을 비밀로 했어. 가우스가 살던 시대에도 수학은 아직 철학에서 완전히 분리되지 않았지. 대부분의 철학자들은 유클리드 기하학이 절대 진리라고 믿었기 때문에 새로운 발견을 발표하면 비난을 퍼부어 댈 것이 분명했거든.

하지만 훗날 몇몇 용기 있는 사람들이 유클리드 기하학의 평행선 법칙에 의문을 제기하고 그것이 휘어진 공간에서는 옳지 않다

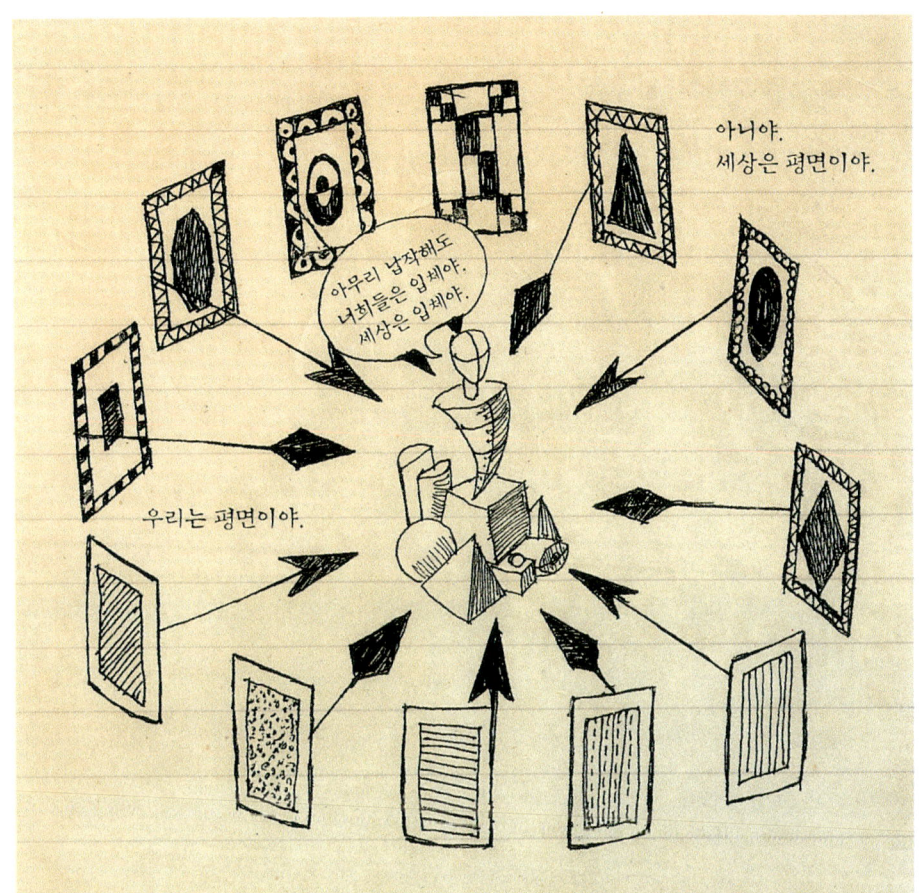

는 것을 증명했어. 그 뒤로 많은 사람들이 비유클리드 기하학에 매력을 느끼고 연구를 하게 되지. 드디어 평면이 아닌 새로운 공간에 눈을 뜬 거야.

너희 갈릴레오 알지? 갈릴레오는 지구가 태양 주위를 돈다고 말해서 사형을 당할 뻔했어. 그 발견이 옳았음에도 불구하고 말이야.

> 세상은 대부분의 사람들이 믿는 것과 다른 주장을 하는 사람에게 그다지 너그럽지가 않아. 너희도 자라면서 이 점을 때때로 느끼게 될 거야.

예은이는 문득 조각가가 한 말이 떠올랐다.

'다른 처지라, 나랑 다른 처지에서 본다는 건 어떤 걸까? 내가 틀렸을지도 모른다는 생각을 하는 건가?'

예은이가 책장을 넘기지 않고 멍하니 있자 원도가 예은이를 빤히 보며 물었다.

"아직 다 안 읽었어? 원래 네가 나보다 빨리 읽잖아."

"응? 아, 다 읽었어. 넘겨도 돼."

예은이는 책장을 넘기며 원도에게 물었다.

"너는 너랑 다른 처지에 서서 생각해 본 적 있어?"

"다른 처지? 음, 글쎄. 곤충의 처지에서 세상을 본다면 어떨지 생각한 적은 있어. 아마 사람이 보는 거랑 완전히 다른 세상이 보일 거야. 그런데 갑자기 그건 왜?"

예은이는 아무것도 아니라는 듯 머리를 흔들고 다음 장을 계속 읽어 내려갔다.

비유클리드 기하학의 공간에는 바깥쪽으로 모든 것이 무한히 작아져 아무리 가도 끝에는 절대로 도달할 수 없는 원판 위의 세계도 있어.

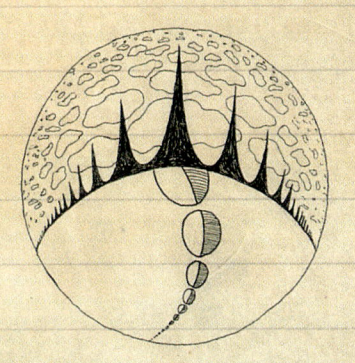

얼마든지 늘렸다 줄였다 할 수 있는 고무 표면 위에서는 사각형을 잡아당겨서 원으로 만들 수 있고, 도넛 모양을 컵 모양으로 만들 수도 있고, 물체의 안과 겉을 감쪽같이 뒤집어 놓기도 하지.

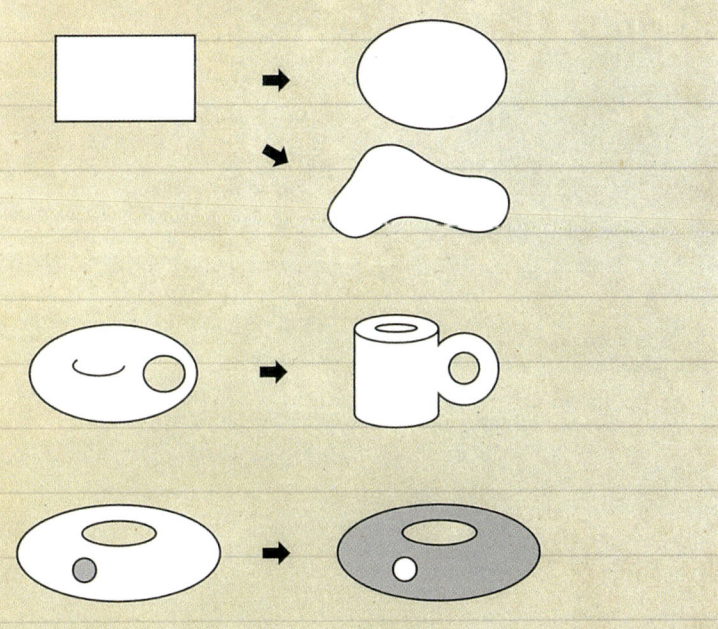

다음 장에는 메모와 함께 직사각형 종이가 두 장 끼여 있었다.

휘어진 곡면의 물체 중 가장 유명한 뫼비우스의 띠를 만들어 보고 그 특성을 알아보자. 아래 설명대로 따라 만들어 봐.

**1.** 종이를 한 번 비튼 다음 양 끝을 붙인다.

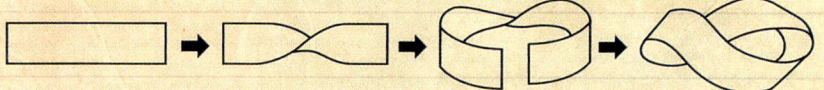

이 고리가 바로 뫼비우스의 띠.

**2.** 연필을 떼지 말고 고리 바깥쪽에서 가운데에 선을 그어 나간다.

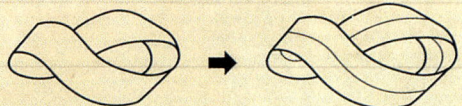

띠를 살펴보면 안쪽과 바깥쪽 모두에 선이 그어졌음을 알 수 있다.

**3.** 그어 놓은 선을 따라 가위로 자른다.

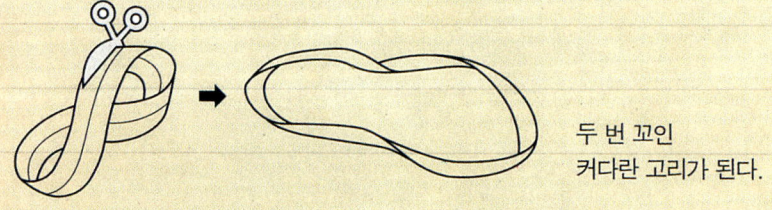

두 번 꼬인 커다란 고리가 된다.

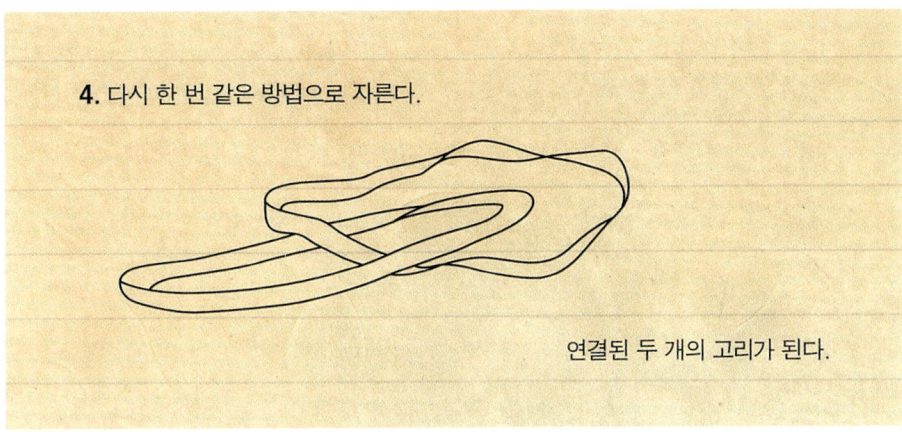

**4.** 다시 한 번 같은 방법으로 자른다.

연결된 두 개의 고리가 된다.

아이들은 무언가에 홀린 듯한 기분으로 할아버지가 써 놓은 대로 따라 했다. 예은이는 자른 띠를 손으로 만져 보며 말했다.

"꼭 마술 같아."

이제 상상력을 발휘해서 더 재미있는 것을 만들어 보자. 머릿속으로 뫼비우스 띠의 양쪽 가장자리를 서로 이어 붙이는 거야.

아이들은 눈을 감고 머릿속으로 그대로 해 보았다. 하지만 곧 띠를 자르지 않고는 끝까지 이어 붙일 수 없다는 사실을 깨달았다.

뫼비우스의 띠 양쪽 가장자리를 한 번도 자르지 않고 이어 붙이는 것은 불가능해. 하지만 상상할 수는 있지. 그래서 만들어진 게 바로 안과 밖의 구분이 없는 '클라인 병'이야. 독일의 수학자 클라인이 발견했기 때문에 그런 이름이 붙었어.

클라인 병을 쉽게 만드는 방법은 뿔피리 모양 파이프의 작은 입을 큰 입과 잇는 거야. 그런데 우리가 사는 3차원 공간에서는 파이프 옆면에 구멍을 뚫지 않으면 안 되는데 원래 구멍을 만들면 안 돼. 그게 바로 3차원 공간의 한계지. 사실 구멍을 뚫지 않은 이 클라인 병은 4차원 공간에서만 존재할 수 있는 거야.

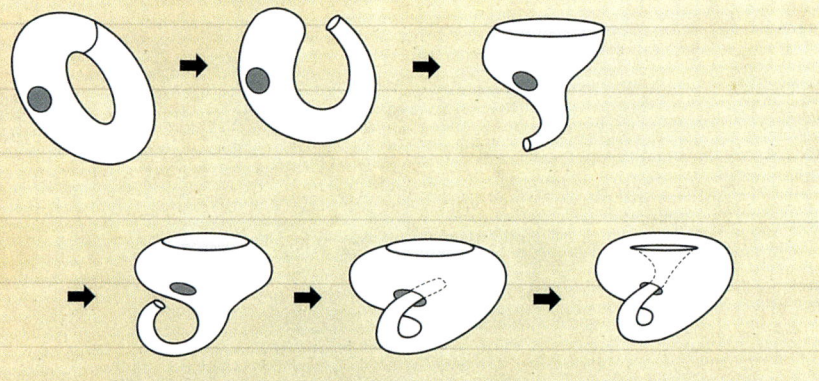

너희, 특히 예은이는 4차원 공간에 관심이 많지? 하지만 안타깝게도 우리 감각으로는 3차원밖에 알 수 없단다.

하지만 우리는 기하학을 통해서 눈에 보이지 않지만 존재하는 공간에 대해 알 수 있어. 물론 4차원도 말이야. 작은 구멍으로 큰 세상을 본다는 말 기억하지?

뭔가 대단한 대답을 기대하던 예은이는 그만 실망했다. 하지만 원도는 방금 읽은 내용에 완전히 빠져들어 정신없이 다음 장을 넘겼다.

뫼비우스의 발견은 새로운 가능성을 열어 주었지. 그 전에는 문이나 특별히 만들어진 통로가 없으면 안에서 밖으로 나갈 수 없다고 생각했는데 이제는 그렇지 않더라도 얼마든지 안에서 밖으로 나갈 수 있다는 가능성을 확인한 거야. 생각을 해 봐. 만일 우주가

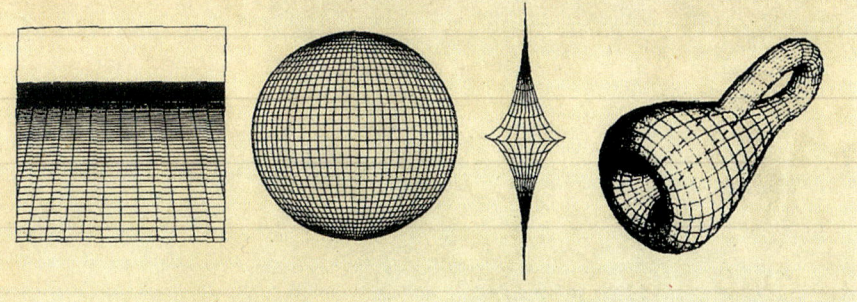

뫼비우스의 띠나 클라인 병 모양이라면? 그러면 우주 안에 있는 우리는 우주 밖으로도 나갈 수 있는 것 아니겠니?

과학자들은 우주가 어떤 모양인지 알아내려 하고 있어. 우주는 너무나 거대해서 지금 우리가 가진 기술로는 극히 일부밖에는 볼 수 없지. 하지만 과학자들한테는 아주 빠른 로켓보다 우주를 탐색할 수 있는 더 중요하고 효과적인 도구가 있어.

바로 수학이야. 너희도 잘 아는 물리학자 아인슈타인은 거대하고 알 수 없는 우주 공간에 관한 기하학을 만들었지.

아인슈타인은 더욱더 많은 우주의 수수께끼를 풀고 싶었지만 당시의 수학으로는 한계가 있었어. 새로운 발견을 위해서는 더 발달한 수학이 필요했던 거지. 과학자들이 공간에 대한 새로운 발견을 할 때마다 그 공간을 나타낼 수 있는 새로운 수학이 필요하게 되고, 새로운 수학은 더 큰 발견을 위한 강력한 도구가 돼. 아인슈타인이 더 발달한 수학을 알았더라면 더욱 엄청난 발견을 했을지도 몰라.

아이들은 책의 마지막 장을 펼쳤다.

이제 나와의 수업은 끝났다.

너희는 지금까지 배운 내용으로 문제를 풀고 도장을 찾겠지. 정말 중요한 건 도장을 찾는 일이 아니라 도장을 찾은 뒤에 어떻게 생각하고 행동하는가야.

도장을 찾는 데는 과거의 지식이 필요해. 하지만 도장을 찾은 뒤에 어떻게 할 것인가는 미래야. 물론 과거는 중요해. 그렇지만 미래는 더 중요해. 미래는 우리가 어떻게 하는가에 따라 전혀 다른 모습이 될 수 있기 때문이지.

그럼 얘들아, 안녕.

# 숨겨진 비밀

도장을 찾아야 하는 마지막 날이 왔다. 밤 12시까지 도장을 찾지 않으면 안 된다. 예은이와 원도는 그동안 배운 내용을 다시 읽어 보고 문제를 풀려고 애썼다.

서재 바닥의 나무 타일에 적힌 문제를 들여다보았지만 머릿속은 엉킨 실처럼 복잡해지기만 했다. 도장을 못 찾으면 어떡하나 걱정이 앞섰다.

책상 위에는 어제 만든 뫼비우스의 띠가 놓여 있었다. 예은이가 뫼비우스의 띠를 만지작거렸다. 할아버지의 웃는 얼굴이 눈앞에 보이는 것 같았다.

그때 조각가가 서재로 들어왔다.

"뫼비우스 띠구나. 참 신기하지? 여러 예술가들도 뫼비우스 띠에 매혹되어 작품으로 만들었어. 그런 작품들이 나온 책이 이쪽에 있을 텐데."

조각가가 책장을 훑어보다가 책을 꺼내 뫼비우스의 띠를 소재로 한 예술 작품을 보여 주었다.

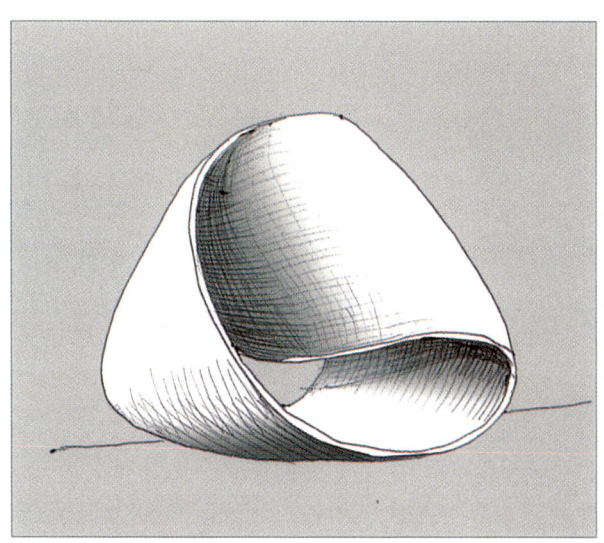

● 빌 「끝없는 링」 모사

실제로 움직이지 않지만 선과 면이 연속되는 띠는 끝없이 움직이는 형태를 표현하고 있다.

"예술가들도 수학의 새로운 발견에 영향 받는다는 게 신기하지? 여러 예술가들이 지금까지 알려지지 않은 새로운 공간에 대해 상상하기 시작했지."

조각가는 다른 책을 보여 주었다.

휘어진 공간이나 4차원 이상의 다차원 공간에 대한 이론은 예술가들의 상상력을 자극했다.

예술가들은 눈에 보이는 세계를 뛰어넘는 새로운 공간의 가능성을 나름대로의 방법으로 표현하고자 했다.

숨겨진 비밀 **167**

● **피카소「도라 마르의 초상」모사**

피카소 그림의 물건이나 사람은 현실 세계에서 보이는 것과 다르다. 피카소는 한 번에 한 가지 면만을 보고 겪는 3차원을 뛰어넘어 고차원적인 세계를 표현했다. 피카소의 그림에는 각기 다른 시간에 여러 시점으로 본 모습이 함께 그려져 있다.

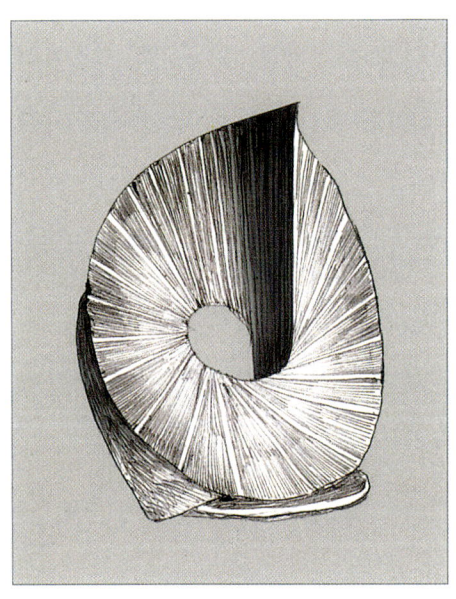

● **페브스너「전개가 가능한 면」모사**

'조각은 공간에 고정되어 있는 3차원의 입체'라는 고정관념에서 벗어나 움직임을 강조했다. 한 번에 한 가지 동작만을 볼 수 있는 삼차원 공간의 한계를 뛰어넘어 여러 시간의 움직임을 소라형으로 돌아가는 선들을 통해 동시에 표현하고자 했다.

● 보치오니 「공간에 있어서 연속되는 단일 형태」
면의 이동으로 속도를 느끼게 하고 더 나아가 기억의 세계(과거), 미래의 공상 세계(미래), 현실의 존재(현재)를 이어 보려고 했다.

조각가가 물었다.

"어떠니?"

"음, 글쎄요. 뭘 그린 건지 잘 모르겠고 아름답다는 생각도 안 들어요. 이게 정말 미술 맞아요?"

조각가는 미간을 살짝 찌푸리며 예은이를 보았다. 예은이는 순간 조각가에게 실례를 한 게 아닌가 걱정이 되었다.

"죄송해요. 아름답다고 하지 않아서 화나셨어요?"

조각가는 손을 내저었다.

"아니, 아니야. 이걸 어떻게 설명해야 하나 생각했어. 어떤 사람한테는 아름다운 것이 다른 사람한테는 추하거나 무섭게 느껴질 수 있어. 이를테면…… 그래, 원도야, 네가 좋아하는 곤충을 예로 들어 보자. 너는 곤충이 아름답다고 생각하지?"

"네, 곤충은 굉장해요."

조각가는 고개를 끄덕였다.

"그래, 하지만 모든 사람이 곤충을 아름답다고 생각하지는 않아. 오히려 징그러워 하는 사람이 더 많을걸. 그런데 원도 너는 왜 곤충이 아름답다고 여길까?"

원도는 말문이 막혔다. 곤충을 좋아했지만 왜 아름다운지에 대해서 생각해 본 적은 없었다. 원도는 한참을 궁리하다 대답했다.

"신기하기 때문이에요. 알에서 깨어나 애벌레, 번데기, 성충으로 탈바

꿈하는 것도 신기하고 허물을 벗으면서 모양이 계속 바뀌는 것도 신기해요. 곤충의 행동도 모두 놀라워요. 곤충에 대해서 계속 공부해도 아직도 모르는 게 너무 많아요. 그렇게 비밀이 많기 때문에 곤충이 아름다운 것 같아요. 우리 반 애들도 처음에는 징그러워 하다가 제가 설명을 해 주면 신기한 듯 가까이에서 자세히 들여다보거든요."

"그래, 맞아. 그게 무엇이든 숨겨진 비밀을 발견하는 순간 비밀을 발견한 사람한테는 아름다운 것이 되지. 이 그림들도 비밀을 지니고 있기 때문에 아름다운 거야.

너희 할아버지는 수학이 세상에서 가장 아름답다고 여겼어. 수학에 우주의 비밀이 숨어 있다고 믿었으니까."

예은이는 아직 찾지 못한 도장 생각이 나서 무겁게 한숨을 내쉬었다.

그때 초인종이 울렸다. 조각가와 아이들이 곧바로 아래층으로 내려갔다. 문을 열자 할아버지의 유언장을 가지고 있는 변호사가 서 있었다. 변호사를 보자 예은이는 '정말로 올 것이 왔구나.'라는 생각이 들었다. 건축가도 2층에서 느긋하게 내려왔다.

변호사가 소파에 앉아 검은 서류 가방을 내려놓았다. 아이들은 긴장된 얼굴로 변호사를 뚫어지게 보았다.

"오늘 자정까지 도장을 찾기로 한 것을 알고 있지요? 지금이 9시니까 정확히 세 시간 뒤에 이 자리에 모이기로 하겠습니다. 그때까지 도장을 찾지 못한다면 이원재 씨의 전 재산인 이 집은 건축협회에 기증됩니다."

예은이는 손끝이 차가워졌다. 원도가 예은이의 팔을 잡았다. 원도의 손에는 식은땀이 배어 있었다. 아이들은 천천히 서재로 올라갔다.

"아르키메데스의 묘비가 불을 밝히면, 탈레스의 지팡이가 문을 두드린다."

"삼각형 내각의 합은 180°가 아니다."

서재 바닥에 적힌 글귀를 다시 곱씹어 보았지만 문제는 여전히 미궁에 빠져 있었다.

"조금만 쉬고 생각해 보자. 만일 문제를 풀지 못하면……"

예은이는 다음 말을 차마 입 밖에 낼 수 없었다. 예은이는 지끈거리는 머리를 식히기 위해 베란다로 나가 난간에 기대 아래를 보았다. 날벌레들이 마당 한 곁에 켜진 등불에 하얗게 모여들었다.

예은이는 무심코 중얼거렸다.

"나방이나 날파리는 정말 불을 좋아한다니까. 불이 있으면 어김없이 달려들어."

그때 예은이의 머릿속에서 불이 번쩍 켜졌다. 예은이는 서재 안으로 달려 들어왔다.

"알았어, 알았다고."

"뭘?"

"그 문제 말이야. 알아냈다고. 하지만 아직 다 끝난 게 아니니까 다른 사람들이 눈치 채지 않게 하자."

아이들은 눈에 띄지 않게 몰래 나가고 싶었지만 거실에는 건축가, 조각가, 변호사가 둘러앉아 있었다.

건축가가 날카롭게 물었다.

"밤도 늦었는데 어디 가니?"

"밤, 밤에는 귀, 귀뚜라미가 우니까……"

원도가 말을 더듬거리며 왼발과 오른발의 신발을 바꿔 신었다. 건축가의 눈이 날카롭게 빛났다. 예은이가 태연하게 말했다.

"집 안이 너무 더워서요. 마당에서 생각하면 더 잘 될 것 같아요."

조각가가 고개를 끄덕였다.

"밤에는 마당이 더 시원할 거야. 밖에서 생각하면 문제가 잘 풀릴 수도 있어. 그래도 위험하니까 너무 멀리 가지는 마라."

예은이는 큰 소리로 대답하고 뻣뻣하게 굳은 원도의 등을 떠밀어 밖으로 나왔다. 아이들은 마당에 있는 등불 앞에 섰다.

예은이가 말했다.

"이거야. 아르키메데스가 가장 좋아했다는 도형 생각나지? 원기둥 안에 내접한 구랑 원뿔을 묘비에 새겨 주었다고 했잖아. '아르키메데스의 묘비가 불을 밝히면, 탈레스의 지팡이가 문을 두드린다.'"

예은이는 등불 앞에 솟아 있는 굽은 막대가 가까운 기둥 위로 길게 그림자를 늘이고 있는 것을 보며 말을 이었다.

"저 그림자가 탈레스의 지팡이일 거야. 탈레스가 지팡이의 그림자를 이용해서 피라미드의 높이를 쟀잖아?"

원도도 고개를 끄덕이며 말했다.

"그럼, 저 기둥에 뭔가가 있다는 말인데…… 어서 찾아보자."

아이들은 기둥에 매달려 어떠한 것도 놓치지 않으려는 듯 샅샅이 조사했다. 기둥에는 모두 다른 글귀가 새겨진 타일들이 빈틈없이 붙어 있었다.

"무슨 글귀가 이렇게 많아? 뭐가 힌트인지 찾을 수가 없어."

예은이가 멍해진 머리를 손바닥으로 툭툭 쳤다. 아무것도 생각이 나지 않을 때 이렇게 하면 좋은 생각이 떠오르곤 했다. 하지만 소용이 없었다. 답이 바로 코앞에 있다는 걸 아는데도 그것을 볼 수 없다니. 예은이는 점점 초조해졌다.

원도는 기둥을 조심스럽게 어루만졌다. 차갑고 매끄러운 촉감이 손바

닥 가득 느껴졌다. 원도는 그 느낌이 좋아 온 신경을 손에 집중했다. 원도는 기둥을 쓰다듬으며 생각했다.

'삼각형 내각의 합은 180°가 아니다.'

원도는 할아버지가 말했던 내용들을 떠올려 보기도 했다.

'볼록한 표면의 삼각형 내각의 합은 180°보다 크고, 오목한 표면의 삼각형은 180°보다 작아. 어찌되었건 삼각형 내각의 합이 180°가 아니라면 울룩불룩한 표면 위에 있어야 해. 이 기둥처럼.'

원도는 화들짝 놀라며 기둥 표면에서 손을 뗐다.

"예은아, 이 위에서 삼각형을 찾아봐. 내각의 합이 180°가 아닌 삼각형 말이야."

예은이와 원도는 다시 기둥을 살펴보았다. 예은이가 먼저 외쳤다.

"찾았다. 여기야."

지팡이의 그림자가 시작하는 곳에 불룩하게 솟은 삼각형이 있었다. 그 삼각형 안에는 이렇게 씌어 있었다.

"깨달음을 찾는 당신, 잠에서 깨어나 꿈을 꾸어라."

원도가 바싹 마른 목소리로 물었다.

"이게 뭘까?"

예은이가 무슨 말을 했지만 목소리가 너무 떨려서 원도는 알아들을 수 없었다. 예은이가 심호흡을 몇 번 하고는 천천히 다시 말했다.

"그 문을 여는 암호야. '탈레스의 지팡이가 문을 두드린다.'는 구절을 읽었을 때 그렇지 않을까 생각했는데 확실해. 이걸로 집 뒤쪽 비밀 공간에 들어갈 수 있을 거야. 분명히 거기에 도장이 숨겨져 있을 거야."

아이들은 달빛에 희미하게 드러나는 계단을 조심스럽게 내려가 집 뒤쪽으로 갔다.

예은이가 자물쇠의 스위치를 켰다.

'암호를 입력하시오.'

예은이가 한 글자 한 글자 천천히 암호를 입력했다.

'깨달음을 찾는 당신, 잠에서 깨어나 꿈을 꾸어라.'

두 아이는 숨을 죽이고 기다렸다. 삐리리릭. 화면에 노란 불이 깜빡하더니 문이 열렸다.

숨겨진 비밀

# 할아버지의 비밀 장소

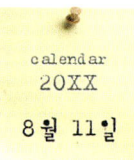

둘은 얼어붙은 듯 문 앞에 서서 눈만 껌뻑였다. 원도가 손을 더듬어 스위치를 찾아 불을 켜고 주위를 둘러보았다.

건물 안은 밖에서 보는 것보다 훨씬 넓어서 마치 지하 세계에 온 듯했다. 커다란 상자들과 여러 가지 조각물이 흩어져 있었다. 둥글게 휜 벽은 전체가 책이 빽빽이 꽂힌 책장이었고 군데군데 정다면체들과 어디에 쓰이는지 알 수 없는 기구들이 어슴푸레하게 보였다.

책장 앞에는 사다리가 달린 작은 기중기가 있었다. 원도가 기중기를 기웃거렸다.

"전에 들었던 이상한 소리는 기중기 소리였나 봐."

원도는 책들을 눈으로 훑다가 벽돌 색의 두툼한 책을 꺼내 스르륵 책장을 넘겼다. 책은 낯선 외국어로 적혀 있었지만 군데군데 그려진 도형 그림은 낯설지 않았다.

"예은아, 이거 기하학에 관한 책이야. 이 그림은 전에 너랑 증명을 했던 건데."

그때까지 얼빠진 듯 가만히 서 있던 예은이가 원도 곁으로 와서 다른 책을 꺼냈다. '이성' '기하학' '보이지 않는 공간' 같은 낱말들이 되풀이해서 나왔다.

둘은 책장의 칸을 따라가며 계속 책을 뽑아 보았다. 기하학에 관한 책은 일부에 불과했다. 수학, 과학, 미술, 음악, 문학 등 거의 모든 분야에 관한 책들이 체계적으로 정리되어 있다. 마치 도서관처럼.

"야, 아주 오래된 책들도 있고 신기한 물건들도 많다. 이건 뭐지?"

원도는 신이 나서 여기저기 뒤적거렸지만 예은이는 마음이 착 가라앉았다.

'풀어야 하는 문제가 더 있는 걸까? 아니야. 수수께끼가 더 적혀 있지 않은 걸 보면 분명히 여기에 도장이 있어.'

예은이는 상자 위에 걸터앉았다.

'도장을 찾는 특별한 방법이 있을 텐데.'

예은이는 첫 번째 수수께끼를 풀면서 열쇠를 찾을 때를 떠올렸다.

'무작정 찾는다고 찾아지는 게 아니야. 잘 생각하고 세심하게 관찰을 해야 해. 마지막으로 원도와 내가 알아낸 건 문을 여는 암호야. 그게 도장을 찾는 단서일까?'

예은이가 작은 소리로 자물쇠의 암호를 외웠다.

" '깨달음을 찾는 당신, 잠에서 깨어나 꿈을 꾸어라.' 잠에서 깨어나 꿈을 꾸어라."

예은이는 원도를 불렀다.

"원도야, 여기에서 '잠'이나 '꿈'에 관한 것을 찾아보자. 특히 '꿈'과 관련된 것을 말이야."

원도가 눈을 껌벅거렸다.

"잠이나 꿈에 관한 것? 침대나 베개 같은 것 말이야?"

"글쎄, 잘은 모르겠어. 하지만 분명히 도장은 잠이나 꿈이라는 말과 관련 있는 곳에 있을 거야."

"아, 맞다. 유언장에 찍힌 도장에도 '원재의 꿈'이라고 새겨져 있었어."

"잠을 자고 있다면 무언가 오래된 것이 아닐까? 오랫동안 발굴되지 않은 유적지를 할아버지는 '잠들었던 도시'라고 부르곤 했잖아?"

"무언가 오래된 것이라……"

아이들은 눈을 부릅뜨고 이곳저곳 뒤지기 시작했다.

20분쯤 지났을 무렵 원도가 예은이를 불렀다.

"예은아, 이것 좀 봐."

원도는 아주 낡은 종이 상자를 책장에서 내렸다. 상자는 원도의 키 높이 정도에 있었는데 옆에는 '원재의 꿈'이라고 씌어 있었다.

"원재의 꿈! 이 안에 도장이 있을 거야."

원도가 상자 뚜껑을 열어 보았다. 상자 안에는 누렇게 색이 바랜 공책과 토막 난 지우개 한 뭉치, 몽당연필, 서투른 바느질로 천과 마분지를 꿰매 만든 훈장, 골판지로 만든 엉성한 집 모형이 들어 있었다. 골판지 집의 문에는 작은 글씨로 '원재 학교 1호'라고 씌어 있었다.

예은이가 공책을 집어 들자 안에 있는 종이들이 흩어졌다. 송이를 묶고 있던 실이 끊어져 버린 것이다. 둘은 흩어진 종이를 모아 꼼꼼히 읽어 내려갔다. 그것은 오래전 할아버지가 지금 예은이와 원도만 할 때 써 놓은 것으로 할아버지의 장래 희망에 관한 얘기였다.

또박또박 큼직하게 쓴 글씨와 낙서 같은 그림들 속에서 할아버지의 꿈을 생생히 느낄 수 있었다.

예은이가 마지막 장을 넘기는 순간 둘은 숨이 멎는 것 같았다. 거기에 유언장에 찍힌 것과 똑같은 빨간 도장이 찍혀 있었던 것이다.

"이거야, 할아버지가 말한 도장. 찍으면 이렇게 나오는 도장을 찾아야 돼. 여기 어딘가에 있을 거야."

둘은 상자를 샅샅이 뒤졌다. 하지만 도장은 보이지 않았다.

"여기 없는 건가? 꿈을 꾸어라, 꿈을 꾸어라."

예은이는 주문을 걸 듯 같은 말을 되풀이했다. 그러고는 떨리는 목소리로 말했다.

"도장은 분명히 가까이에 있는데 우리가 알아내지 못한 거야. 침착하게 잘 생각해 보자."

원도가 윗입술을 잘근잘근 씹다가 말했다.

"도장은 할아버지가 꿈을 다짐하려고 만든 거야. 그렇다면 직접 만들었겠지? 내가 도장을 만든다면 무엇으로 만들었을까? 구하기 쉽고 비싸지 않은 재료를 썼을 거야."

원도는 지우개 토막들을 뚫어지게 살폈다. 그 중 한 지우개가 눈에 띄었다. 한쪽은 닳아서 동그스름하고 흑연이 묻어 새까만데 다른 한쪽은 방금 잘라 낸 듯 반듯하고 전혀 쓴 흔적이 없다. 원도가 지우개를 들고 반듯한 면을 살펴보았다. 조각칼로 조심스럽게 파낸 자국에는 붉은 색이 묻었던 자국이 흐릿하게 남아 있었

다. 원도는 느린 동작으로 지우개를 예은이에게 보여 주었다.

예은이도 원도 손에 있는 지우개를 보았다. 그건 도장이었다.

"드디어 찾았어. 우리가 찾아냈어!"

"그래, 너희가 드디어 도장을 찾았구나."

아이들은 화들짝 놀라 문 쪽을 보았다. 건축가가 기척도 없이 와서 서 있었다.

'이런, 아까 우리가 문을 열어 둔 채로 들어왔나 봐.'

예은이는 입술을 꽉 깨물었다.

건축가는 성큼성큼 다가와, 놀라서 입을 벌리고 있는 원도의 손에서 도장을 낚아채 갔다. 건축가의 왼쪽 입가가 실룩였다.

"바로 이거로군. 겨우 이런 고무 쪼가리를 찾기 위한 거였단 말이야?"

건축가는 갑자기 표정을 바꾸더니 살살 녹이는 듯한 목소리로 말했다.

"도장 찾은 걸 비밀로 하지 않을래? 너희는 아직 어려서 이런 집을 물려받는 일에 얼마나 많은 책임이 따르는지 모를 거야. 나한테 맡기면 이 집을 정말 보람찬 일, 할아버지가 바라시던 일에 쓰도록 할게."

예은이가 날카롭게 말했다.

"절대로 그런 일은 없을 거예요."

그러자 건축가가 두 손으로 지우개를 힘껏 뒤틀었다. 지우개는 허무할 정도로 쉽게 부서져 버렸다. 눈 깜짝할 사이에 일어난 일이었다. 아이들은 망연자실했다.

할아버지의 비밀 장소

건축가는 땅에 지우개 조각들을 떨어뜨리고 발뒤꿈치로 뭉갰다.

"이 집을 넘길 수 없어! 건축협회에서는 나를 임원으로 임명하고 이 집에 관한 모든 권리를 주겠다고 했단 말야. 이 집은 꼭 건축협회에 기증……."

건축가가 갑자기 말을 멈췄다. 예은이가 소리를 지르며 건축가에게 덤벼든 것이다. 건축가는 균형을 잃고 비틀거렸다. 예은이는 건축가의 가슴에 머리를 박은 채 마구 주먹을 휘둘렀다. 건축가가 예은이를 홱 밀쳐 내고 멱살을 잡아 올렸다. 예은이는 숨통이 막혀 얼굴이 파래지고 캑캑거렸다.

원도가 달려가 건축가의 팔을 힘껏 끌어당겼지만 건축가는 꿈쩍도 하지 않았다. 원도는 건축가에게 매달려 정신없이 발길질을 했다. 그때 누군가가 성큼 다가와 예은이의 멱살을 잡은 건축가의 손을 풀었다.

조각가였다. 조각가 곁에는 변호사가 서 있었다. 변호사가 말했다.

"아이들은 스스로의 힘으로 할아버지가 내 준 숙제를 끝냈습니다. 아무도 이 아이들한테서 이 집을 빼앗을 수 없습니다."

건축가의 입 주위와 한쪽 눈꺼풀이 경련을 일으키듯 부르르 떨렸다.

"이렇게 어린 애들한테 당하다니……"

건축가는 충혈된 눈으로 아이들을 노려보더니 밖으로 나갔다.

조각가가 천천히 아이들 앞으로 다가왔다.

"너희 할아버지는 여기에 여름학교를 열어서 너희가 배운 것을 아이들한테 가르칠 생각이었지. 보통 때는 연구실이나 작업실로 쓰고.

두 해 전에 너희 할아버지한테서 삼각형 상자, 5원소 정원, 원통, 저울, 추 따위를 만들어 달라는 부탁을 받았어. 그리고 네 할아버지는 돌아가시기 얼마 전에 이곳을 완성해 달라는 편지를 보내왔어. 여기를 어떻게 완성할지에 대한 자세한 계획과 함께 말이야.

전에 너희가 들었던 소리는 내가 기중기로 책상이랑 책이 든 상자들을 옮기던 소리였어. 그때는 거짓말을 할 수밖에 없었어. 미안하다."

조각가의 말을 듣던 변호사가 궁금한 듯 아이들에게 물었다.

"너희가 배운 게 뭐지?"

예은이와 원도는 그동안 공부했던 사람들을 떠올렸다.

지팡이로 피라미드의 높이를 잰 탈레스, 수학을 신의 계시라고 믿은 피타고라스, 눈이 아니라 이성으로 도형을 바라본 유클리드, 일상적인 현상에서 과학 원리를 발견한 아르키메데스, 복잡한 말과 그림으로 된 기하학을 간단한 식으로 나타낸 데카르트, 휘어진 공간들을 연구한 수학자들, 볼 수도 없고 갈 수도 없는 우주를 연구하는 과학자들.

이 사람들은 모두 보통 사람한테는 보이지 않는 것을 볼 수 있는 눈을 가졌다. 그들은 작은 구멍을 통해 커다란 세계를 발견한 것이다.

아이들이 동시에 대답했다.

"작은 구멍으로 큰 세상을 보는 방법요."

변호사는 무슨 말인지 몰라 눈을 동그랗게 떴다.

"작은 구멍으로 큰 세상을 보는 방법? 그게 뭔지는 정확히 모르겠지만 굉장한 것 같구나. 지금 시각, 그러니까 8월 11일 밤 11시 50분부터 이 집은 너희 것이다."

예은이는 고개를 돌려 원도를 바라보았다. 원도도 예은이를 마주보며 싱긋 웃었다. 예은이는 원도가 자기와 똑같은 생각을 하고 있다는 것을 알았다.

'우리는 함께 이곳을 할아버지가 꿈꾸던 학교로 만들 것이다. 언젠가는 반드시.'

예은이가 손을 내밀어 원도를 툭 쳤다. 원도가 웃었다. 그리고 보이지 않는 곳에서 할아버지도 웃었다.

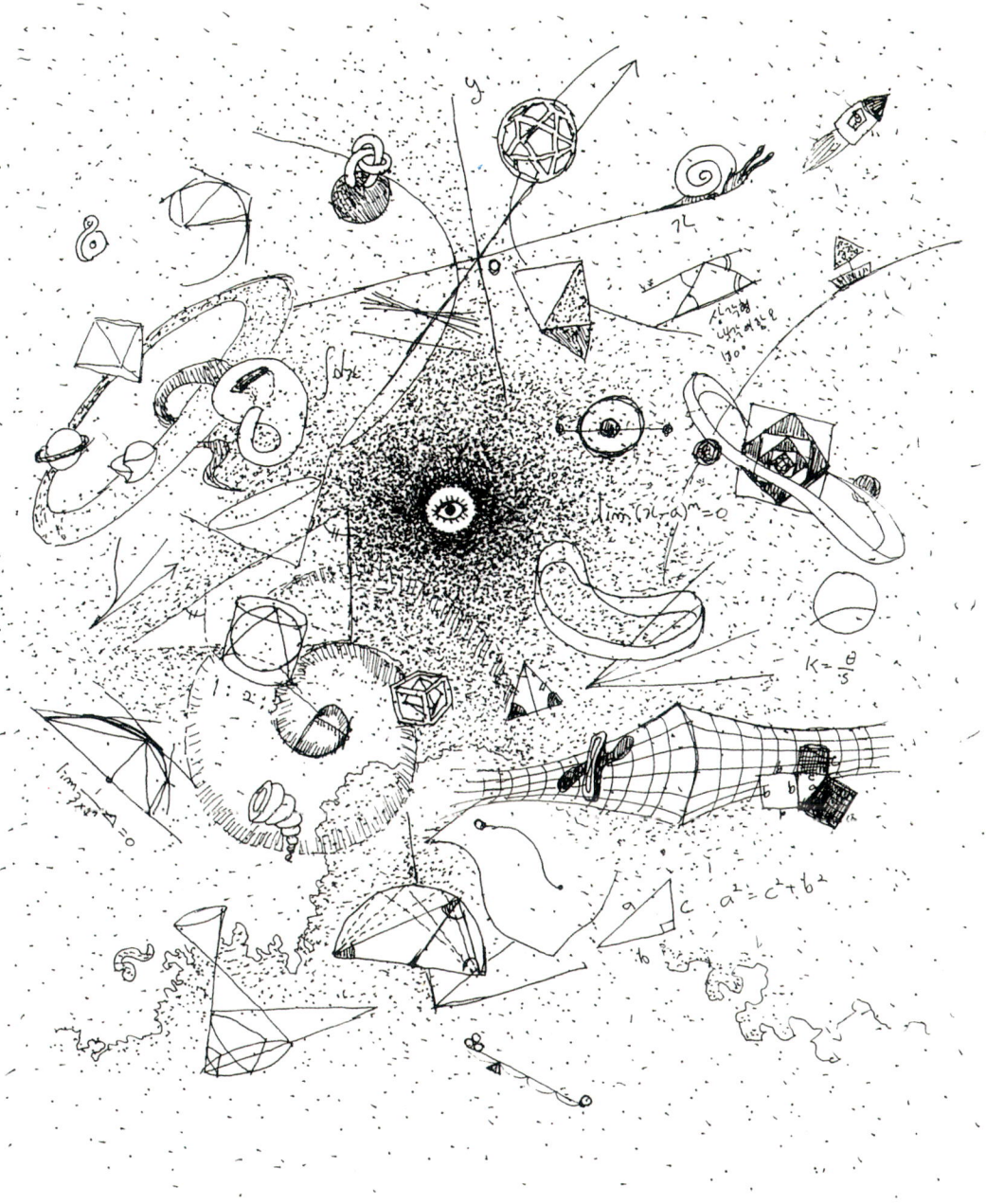

할아버지의 비밀 장소

## 지은이의 말

# 작은 구멍으로 큰 세상 보기

제 주위엔 수학을 싫어하고 특히 '기하학'이라는 말만 들어도 이를 가는 사람들이 많답니다. 그런데 왜 기하학을 싫어하느냐고 물으면 그저 '어려워.' 또는 '무조건 싫어.'라는 대답만 돌아왔어요. 그런 사람들을 보면서 '기하학이란 게 정말 그렇게 무시무시한 것일까?' 의문이 들었어요.

궁금증을 풀기 위해서 야금야금 공부를 했지요. 그랬더니 무시무시하기는커녕 미스터리를 푸는 것처럼 흥미롭지 뭐예요. 지팡이 하나로 피라미드의 높이를 재는가 하면, 공식 하나로 우주의 모양까지 설명할 수도 있으니까요.

기하학을 알면 알수록 '아, 다른 사람들도 이런 재미를 안다면 기하학을 싫어하지 않을 텐데.'라는 생각이 들더라고요. 그래서 이 책을 쓰게 되었어요.

이 책에서는 기하학의 아주 작은 부분밖에 보여 줄 수 없었어요. 하지만 이 책을 읽고 작은 구멍으로 큰 세상을 보는 즐거움을 느끼고, 또 더 나아가 세상을 보는 여러분만의 눈을 가졌으면 좋겠어요.

2006년 2월 권재원

● 도움 받은 책

『생각하는 수학』 야노 겐타로 지음, 정구영 옮김, 사이언스북스 2002

『수학 귀신』 한스 마그누스 엔첸스베르거 지음, 고영아 옮김, 비룡소 1997

『수학 기술』 오카베 츠네하루 지음, 박영훈 옮김, 중앙M&B 2003

『수학 스펙트럼』 테오니 파파스 지음, 서영조 옮김, 경문사 2004

『수학은 아름다워』 육인선 외 지음, 동녘 1990

『신의 방정식』 아미르 D. 액설 지음, 김희봉 옮김, 지호 2002

『앵무새의 정리 1·2·3』 드니 게디 지음, 문선영 옮김, 이끌리오 1999

『유클리드의 창: 기하학 이야기』 레오나르드 믈로디노프 지음, 전대호 옮김, 까치 2002

『이상한 나라의 사각형: 다양한 차원 이야기』 에드윈 애벗 지음, 신경희 옮김, 경문사 2003

『재미있는 수학여행3 - 기하의 세계』 김용운·김용국 지음, 김영사 1991

『재미있는 수학여행4 - 공간의 세계』 김용운·김용국 지음, 김영사 1991

『재미있는 이야기수학』 권영한 지음, 전원문화사 1990

\* 수학 내용을 검토해 주신 경인교대 수학교육과 송상헌 교수님께 감사드립니다.